流通経済大学社会学部創設30周年叢書

会いたい気持ちが動かすファンツーリズム

「韓流」ブームが示唆したもの、「嵐」ファンに教わったこと

幸田麻里子／臺　純子

流通経済大学出版会

はじめに

　近年、コンテンツツーリズムや「聖地巡礼」という言葉を聞くことが増えた。

　コンテンツツーリズム学会によると、『コンテンツツーリズムとは、地域に「コンテンツを通じて醸成された地域固有のイメージ」としての「物語性」「テーマ性」を付加し、その物語性を観光資源として活用することである』[1]という。「聖地巡礼」は、本来の宗教的な意味から派生し、現代日本では、アニメや漫画などの舞台となった場所を訪れることも表すものである。2012年にはNHKの報道番組においてその現象について特集が組まれ、2016年には新語・流行語大賞にノミネートされるなど、アニメや漫画などの一部のファンの用語から、一般的な言葉と化してきたことがうかがわれる。

　コンテンツツーリズムの対象は、映画、ドラマ、アニメ、漫画など多岐にわたる。これらはある「場所」にコンテンツによる付加価値が加えられて成り立つものである。一方、「人」をコンテンツとする観光形態もある。憧れの人、応援するグループの公演やイベントに参加するために、日常生活圏外への旅行を伴う「ファン行動」である。これを「ファンツーリズム」という。

　観光において、「代替性」の有無、度合いはその誘致力に大きく影響を与える。ファン対象は唯一無二の「人」であるから、それは代替性のない魅力となり得るもので、ファン行動に伴う観光、つまりファンツーリズムの誘致力は大きい。岩﨑（2014）はこうした行動について、『「生きている人間」が目的地であり、…これからの

ツーリズム研究において重要な道標になるのではないかと考える。』と述べている。

　さて、冒頭で「近年、コンテンツツーリズム…」と述べたように、こうしたコンテンツツーリズムやファンツーリズムは、新しい現象として取り上げられ、場合によっては一過性のブームのように扱われることもある。しかしそもそも観光は、技術が進歩し、人の暮らしように変化が起きるなどの時代の流れと共に、その形を変えてきた。

　日本で人が自分の意志で旅をするようになり、庶民にまで広がったのは、江戸の時代である。比較的長期にわたり安定した社会が続く中、街道や宿が整備されたこと、貨幣の流通などの旅行にかかわる条件が整ったこともあり、伊勢参りなどの社寺参詣、湯治などを目的とした旅が盛んに行われた。こうした旅は、道中記や紀行文などの文学や名所図会や浮世絵などの絵図として記され、当時の人々の旅を現代に伝えるものであるが、これらの「コンテンツ」は、当時の人たちの旅に出る気持ちを高めるものであった。

　現代ではアニメやドラマなどの映像作品を通し、コンテンツツーリズムやファンツーリズムという現象が起きている。コンテンツツーリズムやファンツーリズムも、結果として顕在化する観光の形、場が変わったのに過ぎず、観光の本質としては変わらないのではないだろうか。本質的に変わらない一方、では現代におけるこうした現象は何がこれまでと異なるのだろうか。これを明らかにするため本書は、現代的な観光現象の一つである、ファンツーリズムを中心に分析する。

　本書は第一章において、この観光の本質としてのコンテンツについて述べる。現代ではコンテンツツーリズムとして、アニメや漫画などのコンテンツを対象とした観光が新しい現象として語られるが、それは現代の人々の暮らしの中にアニメや漫画などが根ざして

いるからである。これらが生まれる以前においても、別のコンテンツを対象とした観光が行われてきたのであり、コンテンツと観光は本質的な関係を持っているといえる。

　第二章では「ファン行動」について、現代ではどのような行動が行われているのか、その様相を見たうえで、「人」を対象とするファンツーリズムの実態を詳細に考察する。続く第三章では、こうしたファンツーリズムの発展段階、ファン自身に起こる変化、地域への影響などについて、さまざまな角度から分析する。

　第四章では観光と異文化理解について、基本的理論を概観し、異なる国・地域への関心と観光動機とのかかわり、そしてファンツーリズムと異文化理解について述べる。

　「代替性のない魅力」をもつファン対象に魅了されたファンによるファンツーリズムは、「何が対象となるかはむしろ主体のもつ欲求の種類と強度に依存」（長谷ほか：1997 観光客体の定義）することを如実に物語っている。また岡本（2018）がコンテンツツーリズムの担い手について、「情報社会における旅行者の特徴を先鋭的に反映している」というように、この現代的な観光の一形態は、日々進化する情報社会においてこそ現れたものである。すなわち本書では、観光とコンテンツの変わらぬ本質的なかかわりの上で、情報とのかかわり方、あり方がこれまでと劇的に異なる現代において成立した、観光主体が観光対象を決めるという先端的な観光についてその実態を明らかにする。またそれが、主体自身をも変える「エンパワーメントの力」を示すものである。

　　　　　　　　　　　　　　　　　　　幸田　麻里子

注
１）コンテンツツーリズム学会ホームページ：
　　　　　　　　　　　　http://contentstourism.com/seturitushi.html

会いたい気持ちが動かすファンツーリズム
―「韓流」ブームが示唆したもの、「嵐」ファンに教わったこと―

＊目次＊

第一章　変化し、多様化し続けるコンテンツ
―江戸時代の道中記から、現代のアニメ、アイドルへ―

1．時代の変化を反映したコンテンツと観光

　国連世界観光機関（UNWTO）は、次のような要件を満たすものを観光（Tourism）と定義している。

　①日常生活圏外への旅行、滞在する活動

　②１年を超えない

　③訪問地で報酬を得ることを目的としない

　この定義に基づけば、観光（Tourism）を実践しようとする観光者（観光主体[1]）は、滞在期間中、報酬を得る必要がない、ある程度の経済的余裕と自由な時間が必要となる。

　さらに観光者が日常生活圏外に旅行するためには、①貨幣経済の普及　②治安の安定　③交通の発展（街道の整備など）といった観光地（観光客体[2]）や観光事業（観光媒介[3]）などの社会環境整備が不可欠である。

　「はじめに」で述べたように、日本では江戸時代になると、社会環境が整い、旅がしやすくなった。そして「巡礼」や「湯治」といった名目が必要ではあったが、江戸時代後期には、庶民も旅をすることができるようになっていた。当時は、道中記や紀行文などの文字情報、名所図会、鳥観図、浮世絵などの画像メディアが、人々を旅へと誘うコンテンツとして機能していたといえる。特に一生に一度は参詣するべきとされ、多くの人が行った「お伊勢参り」などでは、参拝・宿泊・周辺観光の手配や参詣のマナー紹介、旅行費用の算段まで請け負う「御師」[4]が活躍し、現代の旅行会社の機能を果たしていた。「近代観光の父」と呼ばれるトーマス・クック[5]がパッケージツアーの原点となる団体旅行を実施した1841年より前に、日本では、庶民の旅が実現していたことになる。

　時代の流れとともに、人びとの暮らしようが変化し、技術が進歩

した結果、道中記や名所図会といった伝統的なコンテンツの形態に映画やアニメなどが加わったのが、現代観光の特徴といえるだろう。映画やドラマの舞台となった地をファンが訪れる現象については、たとえば1953年公開の映画『ローマの休日』によって、ローマのスペイン階段でジェラートを食べる観光客が増えた[6]ことなどが知られている。鈴木（2009）は、1977年公開（日本公開は1978年）の「映画『未知との遭遇』が、ロケ地「デビルズ・タワー」[7]への「74％におよぶ観光客増へと結びつき、12年後も2割以上の旅行者に映画の鑑賞経験があった」という報告を映画による観光客増についての研究の一例として挙げている。

　江戸時代の道中記や名所図会などと、現代の映画やアニメなどとの大きな違いは、映画やアニメが音声情報を伴う動画であることが挙げられるだろう。またICT技術の普及・進展も大きな影響を与えていると考えられる。

　一般社団法人日本動画協会（2020）によれば、テレビ、映画、ビデオ、配信、商品化、音楽、海外、遊興、ライブといった広義のアニメ市場は、2002年に1兆円規模だったものが、2018年には2兆円を超えた。

　総務省通信利用動向調査からは、1997年には6.4％だったインターネット世帯普及率が2000年には34％と急増したこと、さらに2018年には、世帯におけるスマートフォンの保有割合が約8割となったほか、個人でのインターネット利用機器ではスマートフォンが6割近くになっていることがわかる（総務省：2000〜2018）。実際、日常生活の中で、スマートフォンでアニメを視聴している人を見かけることも増えたのではないだろうか。

　岡本（2014）は「コンテンツツーリズムとは、コンテンツを動機とした旅行行動やコンテンツを活用した観光振興、地域振興のことを指す言葉だ。この場合コンテンツとは、アニメや漫画、ゲーム、

映画、音楽といった楽しみのための情報財のことを意味している」
としている。つまりコンテンツの一つであるアニメがきっかけとな
るアニメ聖地巡礼は、2000年代後半から急速に普及したICT時代
の申し子のような観光現象といえるのではないだろうか。

注
1 ）観光主体　観光学辞典（長谷：1997）では「観光をする主体を観光主体とい
　　い、行動論的文脈では観光者、事業論的文脈では観光客が含意されてい
　　る」とある。
2 ）観光客体　観光学辞典（長谷：1997）では「観光主体すなわち観光者を惹
　　きつける誘因を観光客体あるいは観光対象と呼ぶが、行動論、行為論の立
　　場からはむしろ観光対象の用語を用いたい」とある。
3 ）観光媒介　観光学辞典（長谷：1997）では「観光主体と観光対象を心理
　　的、物理的に結ぶサービス（移動、宿泊、手配、情報）を総称して観光媒
　　介という」とある。
4 ）御師（おし・おんし）　観光学辞典（長谷：1997）では「平安時代の中期
　　頃から現れ、熊野、伊勢、石清水、松尾などの社寺に存在し、近世には各
　　地の社寺にみられた」とあり、その歴史は、かなり古い。観光学大辞典
　　（香川：2007）では「御祈禱師の略で、熊野三山、伊勢神宮などの社寺で
　　参拝者に対し祈禱や宿泊の便などをはかり、現在の旅行代理店、宿泊機
　　関、現地案内書の役割を務めていたといってよい。（中略）江戸時代の最
　　盛期には、伊勢神宮の御師は、参拝者を宿坊にして泊めるために約800軒
　　の邸宅があり、最大規模は1,600畳の邸宅であったといわれる」とある。
5 ）トーマス・クック（1808〜1892年）　観光学辞典（長谷：1997）では「1841
　　年、ラフバラでの禁酒大会向けのエクスカーションを組織した。（中略）
　　旅行業専業になるのは、1854年のことであるが、一般に1841年の禁酒大会
　　のエクスカーションを持って旅行業の誕生とされている」とある。
6 ）ローマでは、2012年から歴史的建造物近くの広場での飲食が禁止されたた
　　め、スペイン階段で、映画をまねてジェラートを食べることができなく
　　なった。さらに2019年からは、スペイン階段に座ることも禁止され、悪質
　　な場合には罰金が科される。
7 ）アメリカ・ワイオミング州北東部にあるナショナルモニュメントで、草原
　　に400メートル近い高さのある巨岩がそびえたつ。映画「未知との遭遇」
　　では、宇宙船の降り立つ場所として使用された。

２．アニメ聖地巡礼から2.5次元まで

（１）アニメ聖地巡礼を創めた人たち

　アニメ聖地巡礼とは、アニメや漫画、ゲームなどの舞台となった場所や登場人物にゆかりのある場所をファンが訪れる現象をさす。作品を視聴しながら、ほんのわずかなシーンに描かれている景色や街並み、特徴的な建造物などを手掛かりに、それらの舞台がどこなのかを、発見、特定し、ネット上に情報発信した熱心なファンたちがいた。そして彼らがネット上に発信した情報をもとに、舞台と特定された、あるいは、想定された地を訪れるファンが続いたのである。

　岡本（2016）は、

　当初、アニメの舞台訪問を行っていたのは、情報の収集・分析に優れた一部のファンに限られていた。彼らはアニメの中から断片的な情報をかき集め、そこから地道に舞台を特定していった。そして、彼らがネットを中心に舞台情報を発信し、それを見てさらに多くの人が舞台訪問をするという流れであった。

　ここで重視したいのは、舞台の特定がファンの自発性に基づいて行われていたことだ。誰かに頼まれたわけでもないし、舞台を特定しなければ作品が理解できないわけではない。コアなファンが自らの意思で、作品世界をより深く味わうために行っていたと考えて良いだろう。

と述べている。アニメ聖地巡礼は、ファンたちが自発的に生み出した観光現象であった。

かつてより NHK の大河ドラマは、その舞台となった地域を訪れる観光客の増加が期待されることから、各地でその誘致が行われてきた。アニメの聖地巡礼においても現在、ファンが集まることによる経済効果や地域振興を地域側が期待して、アニメの舞台として描かれるよう、各地のフィルムコミッションを中心とした誘致活動が行われるまでになっている。限られたファンによるものであった「アニメ聖地巡礼」が、地域振興・観光振興を内含するコンテンツツーリズムに取り込まれたことになる。岡本（2016）の論考は、本来、ファンの自発的観光現象であったアニメ聖地巡礼が「過度に制度化・ビジネス化すること」への危惧を提示している。

（２）アニメ聖地巡礼研究の動向

　「アニメ聖地巡礼」というキーワードとする研究を、CiNii で検索したところ2008年が初出であった。

　2008年から2019年までで、79本が該当し、このうち書評、新聞記事、重複タイトルなどを除いた72本についてまとめたのが図1－1である。発表年別論文数の総計推移を折れ線グラフ（右軸）で示した。さらに、これらの論文が発表された主な掲載誌などを棒グラフ（左軸）で示した。

　なお北海道大学大学院国際広報メディア・観光学院、メディア・コミュニケーション研究院、および北海道大学観光学高等研究センターでは、「北海道大学文化資源マネジメント論集（2008年～2009年、Vol.15まで）」、「コンテンツツーリズム研究（2011年、Vol.4まで）」、「コンテンツツーリズム論叢（2012年～2014年までに Vol.5）」、「CATS叢書（2009年～2019年までに12号）」を発行・発刊していることから、これらの雑誌、叢書に掲載された論文を北海道大学系としてまとめている。

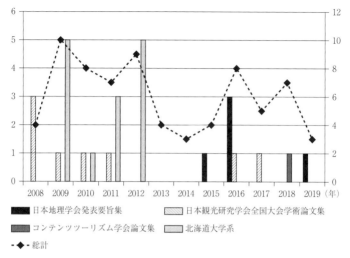

出典：CiNii で2020年3月7日に検索したデータをもとに筆者作成

図1−1　アニメ聖地巡礼というキーワードが使われた論文数の推移（2008年〜
2019年）

　2009年と2012年にはそれぞれ論文総数が10本、9本となってい
るが、いずれも北海道大学系が論文数の総計を押し上げていること
がわかる。初期には、日本観光研究学会、近年は日本地理学会やコ
ンテンツツーリズム学会[1]での発表がみられる。年平均6本程度
と、それほど多くはなく、この数年は、停滞傾向にあると言えるか
もしれない。
　論文の対象や概要についてみると、
　①アニメ聖地巡礼者の属性や観光行動などに関する研究
　②アニメ作品と観光振興や地域への影響についての研究
　③アニメ聖地巡礼と情報の関わりについての研究
　④アニメ聖地巡礼者と地域の関係性についての研究
　⑤既存研究の整理

に分類できる。質問紙調査やSNSログなどから観光行動実態を分析するなど、アニメ聖地巡礼者を対象とした調査・研究が比較的多いように見受けられる。

（3）コンテンツツーリズム研究の動向

　自発的な観光現象から始まった「アニメ聖地巡礼」を取り込んだ「コンテンツツーリズム」の研究動向も見ておこう。

　「コンテンツツーリズム」というキーワードを使った研究は、CiNiiでは2007年が初出であった。2007年から2019年までに、227本が該当し、このうち書評、新聞記事などを除いた209本についてまとめたのが図1-2である。発表年別論文数の総計推移を折れ線グラフ（右軸）で示した。さらにこれらの論文が掲載されている主な掲載雑誌を棒グラフ（左軸）で示した。

　図1-1と同じく、北海道大学系の論文数が多い年は、総計を押し上げていることがわかる。また2011年設立のコンテンツツーリズム学会が、2014年から論文集を発行するようになり、毎号、数本の論文が発表されるようになった。年平均16本程度となっているのは、コンテンツとされる情報財の種類が多いことによると考えられる。

　図には入っていないが、初出論文は、公益社団法人中国地方総合研究センター[2]発行の「季刊中国総研」の「特集　新しい観光」の1本である。さらに2010年には、同誌で「特集　コンテンツ・ツーリズムの推進」が組まれ、8本の論文が掲載された。コンテンツツーリズムによる地域振興への期待が大きかったことがわかる。

　臺・韓・崔（2015a）によると、ロケ地をめぐる観光現象についての事例研究や実証研究と考えられる学術論文のうち、コンテンツツーリズム分野の論文22本が対象としていたのは、観光地：18

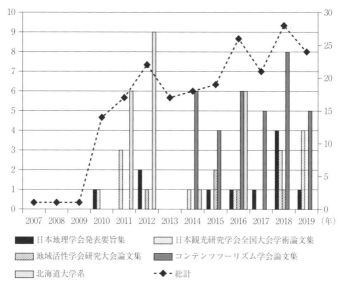

出典：CiNii で2020年3月7日に検索したデータをもとに筆者作成

図1-2　コンテンツツーリズムというキーワードが使われた論文数の推移
　　　（2007年〜2019年）

本、観光者：11本、地域住民：6本であった[3]。

　2015年以降のコンテンツツーリズム分野の論文の対象を概観す
ると、2010年以降は、観光地における地域振興や観光振興などを
テーマにしている論文が、10本前後見られる。これは前述した岡
本（2014）だけでなく、日本コンテンツツーリズム学会の設立趣意
に「コンテンツツーリズムとは、地域に「コンテンツを通じて醸成
された地域固有のイメージ」としての「物語性」「テーマ性」を付
加し、その物語性を観光資源として活用することである」[4]と書か
れているように、コンテンツツーリズムが地域振興、観光振興を含
んだ概念であることによる。

　観光者を対象とする論文は、たとえばアニメ聖地巡礼者やアニメ

ファンなどで年に2～5本程度が該当した。地域住民を対象とする論文はほとんど見られなかった。

アニメファンと一括りに言っても、実際は、監督のファン、原作者がいれば原作者のファン、ストーリーそのもののファン、登場人物のファン、登場人物の声優のファン、舞台となった地を特定することを楽しむファンもいる。さまざまな興味関心をもったファングループが重層的に支えていると考えられる。

そして前述したように、広義のアニメ市場が拡大する中、テレビアニメの制作分数も2000年には約7万6千分だったものが、2017年には、約11万6千分、2018年には、13万分を超えている（一般社団法人日本動画協会：2020、図表4）。2017年から2018年に増えた約1万5千分は「年間50話前後オンエアされる30分シリーズのほぼ10タイトル分にも相当する」（一般社団法人日本動画協会：2020）とあり、アニメ作品数は増大し続けている。そのため、一つの市区町が、いくつもの作品の舞台として描かれたり、あるいは、一つのアニメ作品が、複数の市区町を舞台としたりすることも増えている。

また最近では、「2次元の漫画・アニメ・ゲームを原作とする3次元の舞台コンテンツ」を「2.5次元ミュージカル」[5]（一般社団法人日本2.5次元ミュージカル協会）と呼ぶなど、生身の俳優がキャラクターを演じる「2.5次元」の舞台芸術も登場している。一つのアニメ作品が多様なメディアで個々に展開されるだけでなく、一つの作品についてのメディアミックスや、関連イベントなどが複合的に行われることもあり、一つのアニメ作品から発生するファングループはさらに複雑化することになる。

毛利（2018）は『ラブライブ！　サンシャイン!!』を事例に「作品のファン」と「作品と声優のファン」を比較し、「作品と声優のファン」のほうが、活発で地域への愛着度も上回っていることを明らかにした。アニメ作品の増加、多様化、ファングループの複雑化

といった状況の中で、地域振興、観光振興を謳うコンテンツツーリズム研究には、どのファングループが、舞台となった地域の何を、どのように評価し愛するのか、集客に成功する作品とうまくいかない作品では、どこが違うのか、など、「地域の役に立つ」踏み込んだ研究が行われることが期待されている。

注

1 ）コンテンツツーリズム学会は2011年に設立で、2014年から始まったツーリズム学会論文集は、2019年までに Vol.5 が発行されている。

2 ）公益社団法人中国地方総合研究センターは、中国地方の自律的な地域政策形成のためのシンクタンク機能、コンサルタント昨日、コーディネート機能をもつ組織である。

3 ）臺・韓・崔（2015a）日本におけるロケ地めぐり観光研究の動向と用語の整理、立教大学観光学部紀要、No.17， p.45-51． 表－ 4

4 ）コンテンツツーリズム学会　設立趣意　http://contentstourism.com/seturitushi.html

5 ）2.5次元ミュージカルは、2014年設立の一般社団法人　日本2.5次元ミュージカル協会の登録商標である。

3．ファンツーリズム研究創始に向けて

　筆者たちの研究グループでは「ファンツーリズム研究」を始めるにあたって、ファン研究の動向を整理した（臺・幸田・崔：2016a）。ファン研究に関わるキーワードとして「ファンダム」（初出論文／以下同：2000年）、「ファン＆アイドル」（2001年）、「ファン心理」（2002年）、「ファンサイト」（2005年）、「ファン文化」（2006年）、「ファン行動」（2010年）の6つを選択し、CiNiiで検索した実証的な論文数と、どのような調査方法を使っているかを整理したのが表1−1である。

　これ以降のファン研究の動向を整理するために、CiNiiで、2016年から2019年までを対象に、表1−1と同じく「ファンダム」、「ファン＆アイドル」、「ファン心理」、「ファンサイト」、「ファン文化」、「ファン行動」のキーワードを使って論文を検索した。1つの論文がいくつかのキーワードに該当する場合、タイトルに含まれるキーワードを軸にカウントした。

　その結果、「ファンダム」：6本、「ファン＆アイドル」：9本、「ファンサイト」：0本、「ファン心理」：2本、「ファン文化」：8本、「ファン行動」：3本、計29本となった。

　表1−1のキーワード別論文数を、それぞれの初出から2015年までの年数で割った年当たり論文数と、2016年から2019年までのキーワード別論文数から計算した年当たり論文数を比較したのが、図1−3である。

　2015年調査と比べて大幅に増えたのが、「ファン＆アイドル」についての研究である。これは、2010年ごろから、アイドルブームと言われるようになり、アイドルの人数もグループ数も増えたことが影響したと考えられる。また「ファンダム」や「ファン行動」に

表1-1　ファンについてのキーワード別実証研究数と調査方法の種類

検索 キーワード	ファン ダム	ファン& アイドル	ファン 心理	ファン サイト	ファン 文化	ファン 行動	論文数計
論文数	3	5	10	3	1	2	24
量的調査を 行った論文数	0	0	10	2	0	2	14
質的調査を 行った論文数	3	5	0	3	1	0	12

出典：2015年12月2日のデータをもとに筆者作成、ファンサイトの2本は、質的調査
と量的調査、両方行っていた

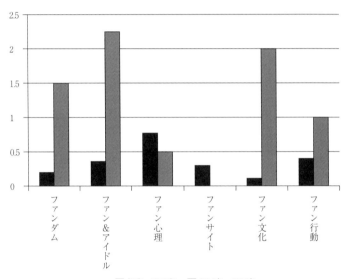

■初出～2015年　　■2016年～2019年

出典：表1-1および2020年3月18日のデータをもとに筆者作成
図1-3　2015年調査とその後におけるキーワード別年当たり論文数（本）

分類された論文の中にも、アイドルを取り上げている論文があり、ファン研究の対象の多くはアイドルとそのファンであると言えるかもしれない。

「ファン文化」では、アイドルが対象となっている論文は少な

く、2.5次元ミュージカルやアニメ聖地化、ファン研究理論、研究動向の整理など、さまざまなテーマが扱われていた。

「ファン心理」に関する研究が減っているのは残念な結果である。「ファン」は特定の人物や事象に対する支持者や愛好者を指しており、だれが、なぜ、どのような点を支持、愛好するのかなど、心理学分野からの研究アプローチが欠かせないからである。

表1−1では、ほとんどの論文が、量的調査か質的調査どちらかの調査を選択し、両方を行っていたのは「ファンサイト」のうちの2本だけであった。このことを踏まえ、「量的調査、質的調査、どちらか一方に限定するのではなく、いくつかの調査を組み合わせる必要がある」(臺・幸田・崔：2016a) として、ファンツーリズム研究の調査計画を組み立ててきた。実際の調査研究については、第二章以降で述べていくことにするが、2016年から2019年までのファン研究動向のうち、「ファン文化」に分類された臺・幸田・崔 (2016a) と、「ファン行動」に分類された幸田・臺・崔 (2016b) はいずれも「ファンツーリズム研究」の一環をなす論文であり、将来的には、「ファンツーリズム」がファン研究の1つのキーワードとなることを期待する。

第二章　ファンとファン行動

―多様化するファン、グループ化するファン―

1．ファンの現代的様相

　本節では、ファンという言葉の使われ方やファンが対象としているもの、ファングループの形成過程、ファン行動など、ファンの現代的な様相について概観する。

（1）ファンとファンの対象

　ファンとは、英語の Fanatic の短縮形である。Fanatic が「熱狂者」や「狂信者」というように、対象に対して甚だしい思いをもっている状態を意味するのに対し、日本語のファンは少し緩やかで、それは「愛好者」や「ひいきにする人」「熱心な支持者」を意味する。「愛好」とは何かを愛し好むこと、「ひいき」は気に入ったものに目をかけて力添えや後援すること、「支持」は支えて後押しすることである。すなわち日本語のファンとは、ある対象に対して好み、応援するものと説明することができる。また、辞書などの言葉の説明の用例として使われている対象については、「スポーツ」「芸能（演劇、映画、音楽）」または「ある分野」「団体」「個人」などがあげられている。その他、「ファン」の類義語として、愛好者、マニア、フリーク、追っ掛けなどの言葉がある。

　1985年1月1日から2018年12月31日までの期間に、『朝日新聞』紙面で使用された「ファン」という言葉をカウントし、年ごとにその数の推移を表したのが図2－1である。80年代中頃には年間500件ほどであったが、90年代にかけ大幅に増加傾向を見せ、年間2,000件ほどとなり、その後も増加し続けて、2000年以降は年間5,000件を超えて推移している。

　2018年9月1日から9月30日の1か月間に『朝日新聞』紙面で

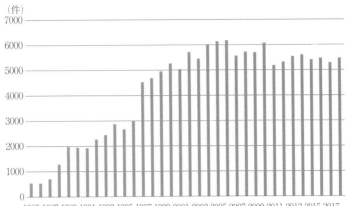

（件）

図2−1 「ファン」という言葉が使用された記事数の推移

表2−1 新聞記事において「ファン」の対象となっていたもの

大分類	件数	小分類	件数	具体例
スポーツ	113	競技・分野	25	Jリーグ、高校野球、相撲など
		特定のチーム	61	プロ野球チームなど
		特定の選手	27	野球選手、テニスプレーヤーなど
芸能・音楽	59	ジャンル	8	クラシック、落語など
		特定の人・グループ	51	俳優、歌手、監督など
趣味	56	ジャンル	31	アニメ、映画、歴史、鉄道など
		特定の人・もの	25	アニメ作品、作家など
ブランド	4			ファミリア、竹泉（酒）など
その他	44			地名、食品、建物、政治家など
対象外	6			
合計	282			

　「ファン」という言葉が使用された記事を抽出したところ、282件であった。これらについて、それぞれ何を対象としているかを見ると、表2−1の通りであった。「スポーツ」「芸能・音楽」「趣味」を中心に、さまざまなものが対象となっている。

　趣味などの余暇活動もファンの対象となり、現代では余暇活動の

多様化に伴い、さまざまな分野のファンが出現している。具体的な言葉の使われ方を見ると、『…原作は小学生のときに読んで以来のファン。…[1]』のように、漫画作品について、愛好している様子がうかがえる、一般的に「ファン」が対象とするものと想定の使用のされ方がみられる。その一方で、『…漁業も産業も復活していることを発信し、気仙沼ファンを増やしたい[2]』のように、「気仙沼」という場所を対象とするものなど、「ファン」という言葉の対象となるものは多様化している。「ファン」という言葉が多く使われるようになった背景として、こうした対象の多様化があるものと考えられる。

（2）ファングループの形成

　同一の対象のファンによるグループとして、ファンクラブと呼ばれる会員組織が、対象側により組織的に結成されることがある。ファンクラブ会員は、入会金、年会費を納め、会員限定の情報を得る、イベントに参加する、または優先的にそれらを得られるなどの特典が与えられる。このファンクラブは、私設のものと区別して、公設ファンクラブと呼ばれることもある。

　会員数が最多のファンクラブは、日本のアイドルグループの「嵐」のものとされ、2019年2月現在、その会員番号は280万を超えている。会員は年4回の会報の送付のほか、テレビ番組収録への参加機会、コンサートのチケットの優先抽選申し込みの権利などを得ることができる。会員番号は通し番号で、退会者などの番号も含まれており、実際の会員数は公表されていない。ただし、2018年から2019年にかけて開催されたコンサートツアー「ARASHI　ANIVERSARY　TOUR　5×20」では、全50公演237万5,000人を動員しており、特に後から発表された「and more…」といわれる後半の32公演の約160万人の動員について、ファンクラブ会員のみ1名義1回だけの申

込制で、全会員が入場できるように配慮する手続きが行われたことを考慮すると、少なくとも160万人を超える会員が現存していると推察される。

　また、インターネットの普及とソーシャルネットワークシステム（SNS）の進展により、直接面識のない個人同士が繋がる場が広がった結果、現在ではファングループが私的にも形成されやすくなった。

　mixi（ミクシィ）は、日本に本拠地をおいて2004年に設立され、日本では最も早い時期からサービスを展開するSNSの一つとされる。SNSはそれぞれ特徴があるが、mixiは、「mixiコミュニティ」というサービスの提供が特徴的である。このサービスは、「コミュニティ」と呼ばれるグループを立て、同じ考え、趣味などを持つ人と集まることができる。Facebookなど、ほかのSNSにおいてもグループを作る機能は存在するが、グループの数や参加者数などの点において、mixiにおけるグループ作成機能は際立っている。「mixiコミュニティ」におけるコミュニティの数は、2019年10月現在、約4,248万である。

　前述した公設ファンクラブ会員数が最多とされる嵐に関するコミュニティ数は、1,300グループを超える。最も参加者数が多いコミュニティである「嵐」は、2019年10月現在、62,000人を超える会員が参加している。ここでは対象の出演情報などの情報交換のほか、参加者同士で雑談を楽しむ、属性などが近い友だちを作るなどの交流が行われている。このほかに、「大人目線で、嵐」「35歳からの☆嵐☆」「嵐★10代のARASHIC」など会員の年代別や、「九州在住×嵐」「☆嵐会★北海道☆」などの地域別、「嵐のフリをマスターする会」「嵐　ロケ地・撮影場所」などの交流の目的によって、さらに細分化されたコミュニティが形成されており、各人の関心に応じたグループ化が図られている。

　ファンは各個人が主体的に対象を愛好するだけでなく、ある対象

のファンに名称がつくなどして、ファン群が認知されることもある。たとえば、女優の吉永小百合のファンは"サユリスト"、プロ野球の阪神タイガースファンは"トラ党"、登山愛好家の女性は"山ガール"などと呼ばれているのがそれである。こうした呼称は個別のファンの総称であり、一般的に使われることがある。

　ある対象のファンが増加するにしたがい、またファングループが形成されるようになるなど、ファン個人ではなく、全体としてそれがとらえられるようになると、ファン自身が他者と区別し、呼称がつくことがある。ファン同士が交流し、グループ化が定着することで、それに呼称がつく。これらは公称ではなく、私的なものであるため一般的ではない。そのため、コアなファン同士が自身の"ファン度"の高さをアピールしたり、排他的に使われたりする場合もある。

　前述のアイドルグループの「嵐」は1999年に結成され、そのファンは2006年以降 ARASHIC（アラシック）と呼ばれてきたが、一般的な呼称ではない。これは2006年に発表されたアルバム『ARASHIC』のタイトルをきっかけとしている。アルバムタイトルの由来は、「嵐らしさ」を意味すると後になって説明されているが、ファンらは本来の意味に加え、語感が英語で病気を表すシック（sick）を連想させるため、「嵐を病的に好きなファン」ととらえて自称に使うほか、ファンのコミュニティグループ名などに使われてきた。病的に好きであるというファン度の高さをアピールするとともに、あまり知られていない呼称を使うことで、一般のファンとの差別化を図る心理がはたらいていると推察される。

　その後、2014年に発表されたアルバム『THE DEGITALIAN』に収録されている楽曲『Take Off!!!!!』の中に、「my fellow, ARASHIANS」というフレーズがあり、この詞をメンバーの櫻井翔が手掛けたことから、これまで使われてきた ARASHIC に代わり ARASHIAN（アラシアン）を使うべきではないかなどが話題になった。櫻井自身

は、この ARASHIAN について「みんな"アラシック、アラシック"いうけど、僕らは1回も言ったことないから（笑）、言葉として定義づけたいなと思って」と述べている^{3）}。その後、"ARASHIAN"を公式な呼称とするのかについて、「そこには何の意図もありません。…アラシックでもアラシアンでも、各々好きに呼んでくれればいいです。」と櫻井は述べている^{4）}。

ファンを表す呼称は、このように議論の対象となるなど、ファン自身のアイデンティティへのこだわりがみられる、ファンにとっては重要なものであるといえる。このようなファンの呼称は、嵐と同じジャニーズ事務所に所属するグループのファンでは、グループの名称、メンバーの言葉や楽曲などにちなみ、ファンの間で使われる^{5）}。一方、2018年5月に同事務所所属でデビューしたグループ「King & Prince」では、同月に開催されたデビューシングル発売記念イベントの場において、メンバー側からファンの呼称を「ティアラ」にすると発表され、その後定着した事例もある。

（3）ファン行動

ファン行動は、対象を愛好、応援するという、元来の意味での行動として、「愛好行動」「応援行動」が挙げられる。「愛好行動」は、対象が芸能、スポーツなどの場合は、テレビなどのメディアを通しての鑑賞、観戦のほか、関連グッズの購入、収集などが行われる。また対象側がこうしたファン心理を利用する形で、グッズが企画、販売されることもある。たとえば、ある同じ楽曲の CD であっても、ジャケットの柄やカップリング曲を変えたり、さまざまなカードを中身のわからない状態で販売することで、ファンに欲しいカードを手に入れたり、コレクションを完成させるため複数の購入を促すなどがある。「応援行動」は、ファン対象が行う公演、スポーツの

試合などを鑑賞、観戦することである。これは日常生活圏内に限定されず、非日常生活圏への旅行につながる場合もある。

　このほかにも、現代では多様なファン行動が行われている。ファン対象に対してより能動的に対象に近づこうとする行動として、模倣や足跡を追う行動も認められる。対象に対する愛着から、「対象との同一化を図る行動」である。アニメファンらが行うコスプレは、ファン対象の髪形や衣装などを模倣し、対象になりきる。これは日本のアニメ文化の一部として、海外にも知られており、これらの中には商品化され、市販されるものもある。また、対象の足跡を追ったりすることなど、行動の同一化行動も認められる。対象が芸能人などである場合、対象が出演した映画やドラマのロケ地巡りなど、対象と同じ場所を訪れる行動がみられる。アニメのように実在していないコンテンツである場合も、物語の設定となっている場所が「聖地」と呼ばれ、ファンが訪れるなどの行動がみられ、「聖地巡礼」と呼ばれている。こうしたロケ地や聖地は、SNSなどのインターネットで情報が共有されるほか、書籍化されるものもある。

　さらにこうしたファン行動のほかに、形成されたファングループをきっかけとして友人関係が築かれ、ファン行動を共にすることに加え、グループ行動自体が楽しみとなっていることなども認められよう。

注
1）朝日新聞　2018年9月22日　朝刊『賀来賢人「今日から俺は！！」に主演　面白いが、かっこいい』
2）朝日新聞　2018年9月17日　朝刊『とびきり新鮮、目黒のサンマ　無料で5千匹／東京都』
3）『オリスタ』2014年11／3号　オリコン・エンタテイメント
4）『日経エンタテインメント！』2015年1月号　日経BP社
5）「関ジャニ∞（エイト）」のファンは「エイター」、「NEWS」のファンは「パーナ」などのような名称がファンの間で使われる。

2．ファン行動の実態

　本節では、前節でみた現代的なファン行動について、イベント参加時の行動とイベントについての語りを整理するほか、ファン行動の対象・移動先などからファン行動を分類する 2 つの分析を行う。

（1）ハワイコンサート参戦の記録から―ファン行動の実態分析①―

　ファン行動の実態を明らかにするため、実際のファン行動について分析した。対象は、アイドルグループの「嵐」のファンである。2014年 9 月に実施されたイベントへの参加についてのできごとと、ブログにつづられた当事者の心境についての語りを内容分析した。

1）イベントの概要

　グループの結成15周年を記念し、2014年 9 月19日、20日の 2 日間、ハワイ州オアフ島のコオリナリゾート特設会場において、両日で 3 万人を動員するコンサートが開催された。チケットは、日本国内在住者への一般販売は行わず、公式ファンクラブ会員を対象に、チケット付きの募集型企画旅行が、15,000人分販売された。このツアーは、日本からの往復航空券、滞在先のホテル、空港〜ホテル間の送迎という旅行としての基本要素のほか、コンサートチケット 1 日分、ワイキキ〜コンサート会場への送迎、ワイキキ滞在中の映像鑑賞イベント参加権、コンサート会場でのイベント参加権、オリジナル旅行グッズ（パスポートケース、ネームタグ）、オリジナル歓迎フラワーレイ、オリジナルメッセージカードが含まれていた。ただし、往復航空券、ホテル、送迎、コンサートチケット以外

は、募集要項への記載はなく、参加決定後にわかった"サプライズ"となっていた。15,000人の募集に対し、16万件の応募があり、日本からは計18機のチャーター便が飛び、ハワイで開催されたコンサート史上最大の動員数となった。

2）分析結果

　分析対象は小学生の子どもを持つ、関東地方在住の40代の女性である。同行者は同世代の女性2名で、子どもがいるなど家庭の状況などは類似している。同行者の2人はもともと友人同士であるが、対象者とはインターネットのコミュニティを通して知り合った。これまでもコンサートやイベントに一緒に参加するほか、ファン行動以外でも友人づきあいをしている。

　対象イベント参加に関するできごとと、対象者がブログにつづっていた語りを整理したものが表2−2である。対象者は、コンサートやイベントに参加するために、地方に行くことがこれまでもあった。今回は海外であり、企画されたツアーが最短で6日間であったため、家を空ける期間がこれまでよりも長くなることによる参加への迷いがあった。しかし、申し込みが参加決定というわけではなく、抽選に当選しないと参加できないことから、「当たったら」ということで、申し込みを行っている。そして、留守中の家庭について家族に依頼（準備）をしている。

　当該イベントへの申込みは2回チャンスがあり、1回目は落選した。これに対し、通常のイベントやコンサートにおいても、当落が厳しいのであるが、「ハワイでも当たらない」とさらに厳しさを実感している。そして、2回目の抽選での当選後、イベント参加に向けて喜びの言葉にあふれている。

　当該イベントへの参加は、コンサートに参加するだけではなく、メンバーが訪れた場所を追う、または自分たちが訪れた場所にメン

表2-2　対象イベント参加に関するできごとと主な語り

月	日	できごと	主な語り
5	8	会員メールで開催の第一報	当たったら行く。当たったらなんとかする。
	12	会員メールでチケット付き旅行商品詳細発表	
	13	家族に留守中の留守番依頼	さあ、準備は整った。 当たれ当たれ当たれ…
	14	第一次先行申込み受付開始	
	23	第二次申込み受付開始	
6	4	第一次先行申込み当落発表	(落選) ハワイでも当たらないなんて
	30	第二次申込み当落発表	(当選) 当った当った当ったー！
9	8	「旅のしおり」着／パスポートケースに印字されたour party, joinなどの言葉	かわいい！ すごい、このメッセージが嬉しい！
	17	出発／成田空港の企業ポスター(メンバー掲載)	いつものポスターだけど、テンション上がる〜↑
		入国審査	「嵐に会いに来た」って言ったら、笑ってた。
		到着／空港からあちこちにフラグがあること、各店舗でのディスプレイ	歓迎ムード…なんかね、嬉しくて…涙目になっちゃいました。
		説明会／メンバーによるウェルカムメッセージ	こんな映像を用意してくれるなんて (嬉しい)。
		自由行動 (買い物) ／各店舗で声を掛けられる	(メンバーがかつて行った店でTシャツ購入) 歓迎されてるよね…楽しい！
	18	公式ツアー限定映像鑑賞会	コンサートをもっと楽しめるように…というわちゃわちゃした企画VTRで、ますますコンサートが楽しみに！
	19	コンサート①	感無量でした。 家族がいるのに、ここまで来るなんて…きっと世間一般では馬鹿げているのかもしれないけれど、やっぱり来て、ここにいられてよかった。 そして、本当にここにいられることを嬉しく思い、それを実現させてくれた家族に感謝カンゲキです。
	20	自由行動 (ダイヤモンドヘッド登頂)	
		コンサート②	メンバーはやっぱり近い！ …リーダーの言う通りハワイ祭り♪で、感動もありながら、とにかくとにかく楽しかった！！ 最高の思い出がたくさん！ 本当によかったよかった。
	22	帰国	楽しい思い出たくさん！今日からまた頑張ります。
	26	ダイヤモンドヘッド前の収録番組放映	映ってね。登ってよかった。
11	6	ハワイでの収録番組放映	ハワイに行けてよかった。嵐の特別な場所に、嵐の大切な時に。 あの時あの地にいたことは一生の宝。 私たちのホテルの辺りで5人が写真撮ってた。

バーが行っていることに喜びを感じている。

また、限定のオリジナルグッズ、限定の公開映像に対しては、サプライズであったことに加え、想定以上のサービスであったことから特別なファンサービスと感じられていた。これらのオリジナルグッズに対する関心は、分析対象者のみならずファン全体において非常に高く、ツアー終了後、インターネット上のオークションで取引も盛んに行われていた。パスポートケースで6,000円〜12,000円台、ネームタグで2,000〜6,000円台、コンサート当日に配られた折り畳み椅子は3,000〜20,000円などで落札されており、無料で配布されたものにも関わらず、高額で取引されていた。

さらに、コンサートというイベントは、通常の公演活動の一環であるが、嵐の通常の公演は、2008年以降、大規模なドームツアーに限られており、1公演での動員数は5万人程度となっている。こうした大規模会場では、メインステージ至近の良席であっても、メンバーが他エリアへ移動すれば、その距離はかなり開き、肉眼での視認は難しい。これに対し、1回の動員者数が15,000人と比較的規模の小さい会場での公演である今回は、公演中、メンバーがどこに移動しようとも肉眼で見られる距離であった。このため、「近い」という実際の距離の近さに高揚している様子がうかがわれる。また、嵐がデビュー会見を行ったハワイという「特別な場所」、15周年を記念するコンサートであるという「特別な時」に、その場に居合わせたことへの満足度が高く、ファン対象と同じ場所にいる喜びが読み取れる。

（２）ファンの8年間をたどる─ファン行動の実態分析②─

　ファン行動の実態を明らかにするため、趣味としてファン行動を行っている対象者の、過去8年間にわたる行動について分析をした。

対象者は40代女性で、ファン行動の対象は、分析①と同様に、アイドルグループの「嵐」である。当該グループのファンは、メンバーの中でも特にお気に入りのメンバーについて、「担当」と呼び、対象者もメンバーの１人を担当にしている。

　対象者は、嵐がグループとしてデビューした1999年以前より「担当」のファンであり、デビュー後はグループ全体の「お茶の間ファン」であった。「お茶の間ファン」とは、CDやDVDなどの商品を購入し、テレビや雑誌などのメディアを通して応援するファンのことをいう。仕事や育児などが少し落ち着いた2007年に、以前から行きたかったコンサートに行く機会を得て以来、より積極的なファン行動を行うようになった。

　本分析では、より積極的なファン行動を行うようになったこの2007年10月以降の行動のうち、日常生活圏外で実施した行動を対象とする。対象者が記録していた手帳およびブログを手掛かりに、８年間の行動記録を明らかにし、整理した。分析の対象としたファン行動は127件あり、対象者にインタビューを実施し、行動時の目的や考えなどについて補足調査を行った。

表2-3　ファン行動の対象

対象	件数（件）	割合（%）
メンバー本人	43	33.9
出演作品	18	14.2
限定商品	17	13.4
撮影場所	12	9.4
関連地	10	7.9
限定画像	7	5.5
限定映像	4	3.1
限定企画もの	3	2.4
製作作品の展示	2	1.6
着用衣装の展示	2	1.6
その他	9	7.1
計	127	100.0

１）分析結果
①ファン行動の対象

　本分析では、日常生活圏外で実施した行動を対象としており、すなわちファン行動として、テレビ番組の視聴のようなものではなく、移動を伴うものとなっている。それぞ

れの行動について、何を求めて移動をしたのか。その対象となっていたものをまとめると、表2-3の通りである。

　ファン行動の対象として、最も多い行動は、「メンバー本人」に会うことであった。メンバー本人が出演するコンサートやイベントなどを訪れる行動が最も多かった。「出演作品」は、ファン対象が出演する映画などを見るための移動である。これらは、ファン行動として通常想定されているものであろう。

　また、アニメーションの舞台となった土地を訪れる行為は近年"聖地巡礼"といわれることがあるが、ファン行動においても同様の行動がみられる。「撮影場所」は、街中や駅のホーム、飲食店など、場所自体は特別ではないが、撮影のためにメンバーが実際に訪れた場所である（図2-2・図2-3）。同じ場所を訪れる、同じものを食べる、同じ風景を見るなどの行動をすることができる点で、場所に付加価値が加わっている。また、「関連地」とは、メンバーが訪れてはいないが、メンバーの名前を表した場所や関連イベントなどである（図2-4）。

　他方、ファンでない人には想像しがたい、さまざまなものがファン行動の対象となっている。「限定画像」は、テレビ番組や出演しているCMなどの企画として、イベントなどが実施され、通常公開されていないポスターなどが展示されているものである。「限定映像」は、舞台挨拶の中継など、直接会うことはできないが、実施されているイベントを中継で会場に集まって見るものである。「限定企画もの」とは、画像や映像などないが、メンバーに関するものが公開されているものである。また製作作品や着用衣装の展示なども、希少性が高い（図2-5）。これらは、見ることができる場所や期間が限られており、限定されたものを求めて、ファンが旅行、移動している様子がうかがわれる。

【上：映画「GANTZ」（2011年公開）のワンシーン　下：当該ファンが撮影した写真】

図2−2　「撮影場所」の事例（ファン対象出演映画の撮影場所を訪れた行動）

【上：ファン対象者がテレビに出演した時と同じアングルの写真
　下：ファン対象者が座った席に座って撮影した写真（当該ファン撮影）】

図2－3　「撮影場所」の事例②（ファン対象がテレビ番組で訪れた店舗を訪れた行動）

【当該ファンがイベントを訪れた"記念に"撮影した写真（2015年6月）】

図2-4 「関連地」の事例（ファン対象出演CM商品の関連イベントを訪れた行動）

【ファン対象者が出演する CM 商品の販促イベントで、ファン対象者が着用した衣装展示の写真（2015年5月18日　当該ファン撮影）】

図2−5　「着用衣装」の事例（着用衣装が展示されたイベントを訪れる行動）

②ファン行動の移動先と移動手段

本分析での日常生活圏外の移動先は、表2－4の通りである。

イベントやテレビの撮影などが多く行われている東京23区内を中心に、その移動先は全国主要都市ほかに及んでいる。

移動手段は、在来線が64件（50.3％）と半数を占め、新幹線（27件、21.2％）、飛行機（18件、14.1％）も旅行先によっては利用されていた。

調査対象者によると、「メンバーにはいつでも会えるわけではないので、会える機会があるならば、場所を問わず会いに行きたい。特に（対象本人と会うことができるから）コンサートは最も参加したいイベントであり、チケットが取れるならばどこへでも行きたい」との声が聞かれた。結果として、飛行機を利用する遠方への移動も、2008年（関東→札幌）、2010年（九州→東京）、2011年（関東→福岡）、2012年（関東→札幌）、2013年（関東→福岡2回）、2014年（ハワイ）とほぼ毎年実施されていた。

③ファン行動の同行者

ファン行動の同行者は、表2－5の通りである。

表2－4　ファン行動の移動先

移動先	件数（件）	割合（％）
東京23区内	76	59.8
居住市区内・近隣	14	11.0
千葉	11	8.7
福岡	8	6.3
札幌	6	4.7
名古屋	4	3.1
ハワイ	4	3.1
宮城	2	1.6
大阪	1	0.8
東京都下	1	0.8
計	127	100.0

表2－5　ファン行動の同行者

同行者	件数（件）	割合（％）
友人	76	59.8
なし	27	21.3
友人と初対面の人	12	9.4
家族	9	7.1
初対面の人のみ	3	2.4
計	127	100.0

友人との同行が多数となっているが、次いで同行者なしである。重要なのは友人と何かをすることではなく、ファン行動ありきであることがうかがわれる。「初対面」とは、インターネットなどを通しての情報交換や交流を行っていた直接面識がない人と、初めて現実に会った場合や、友人の友人と初めて出会うなどの場合が含まれる。初対面の場合も、みな趣味を同じくする者の集まりであるため、共通の話題は尽きず、コミュニケーションもスムーズであり、そこからさらに友人関係が広がるという。

2）ファン行動の行動分類

分析結果をもとに、ファン行動として、実際に行われている行動は、大きく分けて5つに分類される（表2-6）。それは、「会う」「見る」「楽しみの共有」「リトリート」「購入する」である。

「会う」は、コンサートやイベントに参加し、メンバー本人に会う行動である。コンサートなどは鑑賞と一般的には言われるが、ファンらはコンサートに行くことを「会いに行く」「参戦する」などと表現する。このことから、ただ見るのではなく、直接ファン対象に会うことができるという点で、コンサートなどは「見る」に含まれる鑑賞ではなく、特別な意味をもつ行動として区別される。「会う」行動は、コンサートやイベントなど、機会がかなり限定されるものであり、ファン行動の中心であり、何よりも優先されるという。

「見る」は、出演作品などの鑑賞や限定画像、企画ものの見学などの「見る」行動である。これは、「会う」行動より日常的に行われやすいも

表2-6　ファン行動の具体的行動

行動	件数（件）	割合（%）
会う	42	33.1
見る	38	29.9
楽しみの共有	29	22.8
リトリート	19	15.0
購入する	17	13.4
計	145	

＊一度の行動で複数の目的を含むものがある

のであるが、場所や期間が限定されるものはより誘致力が強くなる。

「購入する」行動は、関連グッズや限定グッズなどを買う行動である。これらのグッズは、やはり販売場所や期間が限定されているため、購買欲が高まり、購買のための移動を誘発する。また「リトリート」は、メンバーが訪れた場所などを訪れたり、同じものを食べたりする追跡行動である。

さらに同じファン行動を趣味とする仲間とは、以上の4つの行動

持ち込んだ DVD を鑑賞しながら、ファン対象の誕生日を祝う会を開催する様子（当該ファン撮影）

図2－6　「楽しみの共有」の事例（DVD 鑑賞会「嵐会」の開催行動）

を共にするほかに、ファン対象自体とは離れたところで行われる、ファン同士の交流行動が行われていた。一緒にコンサートやイベントに出かけたり、リトリート行動をしたりするなどだけでなく、日常の中でも行える、例えばDVDの鑑賞などをし、語り合うことで共感するなどの「楽しみの共有」行動がとられていた（図2−6）。

　今回分析の対象としたアイドルグループ「嵐」のファンたちによって開催されるこうした鑑賞会などの「楽しみの共有」は、ファン対象のグループ名をとって「嵐会（あらしかい)」と呼ばれ、ファンの間では一般的な行動となっている。

　こうした行動はかつてより行われていたが、嵐が出演するテレビ番組『嵐の宿題くん』（2007年8月20日 ゲスト：Every Little Thing の回）において、ゲストが「友だち達が嵐が大好きで…『嵐会』…集まってみんなでビデオを見たりとか」ということを発言して以来、ファンの間では「嵐会」と称されるようになった。嵐自身もこうしたファンの行動を認識しており、2018年6月に発売されたDVD『ARASHI LIVE TOUR 2017-2018「untitled」』の初回盤に収録された特典映像において、嵐のメンバー自身がDVDを鑑賞しながら、食事をし、語り合う様子が収録されており、「嵐の嵐会」と称されている。

　こうしたファン同士の交流は、「楽しみの共有」に加え、もう一つの役割も持っているという。ファン行動では、場所や期間が限定された行動の対象が多いため、情報収集が非常に重要である。また最も優先される「会う」ために必要な、例えばコンサートチケットは人気公演である場合、その獲得においてもファン単独ではなく、友人同士の協力関係が必要であるという。そのため、友人同士、さらには現実には会ったことがないインターネット上だけでの知人同士においても協力をすることがある。こうしてインターネット上での情報交換などを通して知り合った知人や、友人の友人といった初

対面の人とも、機会に応じて共にファン行動をとるファンもいる。ファン同士の交流は、情報の獲得や協力関係の確立により、ファン行動をより充実させる役割も担っている。

（3）ファン対象に誘引されるファン行動

　ファンにとって、ファン対象は代替性のない魅力をもつものである。

　本項の分析で見られたように、アイドル本人と会うこと、期間や場所が限られたものを見ること、販売機会が限定されたものを買うこと、アイドルが訪れた軌跡をリトリートすることなどは、代替性がない魅力自体や、代替性のない魅力が加えられた物や場所であるため、時間やお金をかけても出かける価値が見出されているものといえる。ファン対象者という代替性がない魅力自体が移動し、それによって場所に魅力が付加されることは、ファンへの大きな誘致力を持っており、ファンによるダイナミックな移動を引き起こす。ファンの満足度が特に高いのは、対象との距離感の近さ、同じ場所にいられること、限定グッズや期間・場所が限られたイベントなどであった。対象と直接会えることは、代替性のない魅力であり、関心のある人にとって非常に魅力が高い。これこそがコンテンツツーリズムの誘引力といえるものであり、移動を伴うファン行動の原動力といえる。

第三章　ファン行動から
　　　　ファンツーリズムへの進展
―ファンは、ファンの階段を上って「会い」に行く―

1．ファン行動とファンツーリズム

　本節では、ファン行動の発展段階について分析を行う。その上で、日常生活圏外への移動を伴うファンツーリズム、そしてそれに影響を与える要素、もたらされる変化について考察する。

（1）「ファン行動レベル」とその発展段階

1）「ファン行動レベル」の設定

　26ページからの「ファン行動の実態分析②」で分析した結果によると、ファン行動の具体的行動は、「会う」「見る」「楽しみの共有」「リトリート」「購入する」に大別できる。これらの行動は、ファン対象に対する思いの強さや、さまざまな要因の影響を受ける。

　ファン対象に対する思いの強さは、行動の違いに表れるのはもちろんであるが、仮に思いが強くても、さまざまな要因によって行動が阻害される場合もある。したがって、行動の内容をそのまま思いの強さと見ることはできない。第二章2．ファン行動の実態　で行なった分析により、ファン行動に影響を与える要素として、「費用」「時間」「理解」の3要素が想定される。そこでこの3要素に基づき、「ファン行動レベル」を客観的な指標として設定する。この指標は3要素を要せずファン行動を行う段階、「費用」を要する段階、「時間」を多く要する段階であり、それぞれ「茶の間」、「購入者」、「参戦者」とした。なお「理解」の要素は、「費用」「時間」それぞれと関連するものである。

　①「茶の間」
　第一段階の「茶の間」は、無料で提供されているテレビ、ラジ

オ、インターネットなどのコンテンツを通し、ファン対象と接する段階である。「茶の間」という言葉は、アイドルグループ「嵐」が所属するジャニーズ事務所のアイドルのファンの間で、外出を伴うファン行動をするファンと、それをしないファンとを区別する際に、使われることがある。この「茶の間」の段階は、さらに2つの段階に分けることができる。

　「茶の間1」は、テレビまたはラジオ、さらにインターネットなどを中心に、無料のコンテンツを楽しむ段階である。ファン対象について、特別なファン意識はなく、たまたま視聴した結果として、好感をもつ。

　一方、「茶の間2」は、無料のコンテンツを楽しむ点においては同様であるが、ファン対象に対し、ある程度のファン意識があり、出演番組などを積極的に検索し視聴する。また、録画などを行い、自身の都合がつかない時間におけるコンテンツについても視聴し、さらに繰り返し観るなどの行動をとる段階である。

　ファン行動の具体的行動である「見る」と対応するものは多いが、「見る」は期間限定、または展示場所が限定されるイベントなどを見ることも含むものであり、ここでの「茶の間」にあたる場合と、さらに販売場所により日常生活圏への移動を伴う場合は、第三段階の「参戦者」にも含まれる。また、「楽しみを共有する」は、ファン同士の交流の場が実際に設けられる場合は、「参戦者」に含まれる場合もあるが、SNSなどを通したインターネット上でなど、日常生活圏内で語られる場合もあり、「茶の間」の段階でも発生しているといえる。

　②「購入者」
　第二段階の「購入者」は、有料で販売されているCD、DVD、雑誌などの購入を行う段階である。「購入者」には、ファン対象の出

演映画の鑑賞も含まれる。ファン対象をより積極的に楽しむ段階であり、そのために費用をかけている点が、「茶の間」とは異なる。CD、DVD、雑誌などは、初回限定版などの特別な場合を除き、一般的なCDショップや書店などで購入できるものであり、購入のために特別な手間は要しない。映画鑑賞は、物を購入して持ち帰るというその他の購入とは異なり、ファン自身が外に出ていくものである。しかし映画鑑賞は、サービスの購入ということができ、また購入において特別な手間を要しないことから、「購入者」に含むものとした。「購入者」は、さらに2つの段階に分けることができる。

　「購入者1」は、CD、雑誌の購入、および出演映画の鑑賞を行うものである。「購入者2」は、「購入者1」に加え、DVDの購入を行うものである。DVDは、CD、雑誌や映画鑑賞に比べ高額であること、また視聴場面が限定されやすいことから、よりファン対象に対するファン意識が高いと考えられる。分析対象とした「嵐」の場合、発売されているDVDの大部分は、オリジナルCDアルバムをベースとしたコンサートを収録したものであり、当該オリジナルCDアルバムとコンサートDVDの売上数を比較すると、2005年までは2タイトルながらDVDの方が多い。しかし、それ以降の14タイトルは、CDアルバムの方が多い。ファン対象の人気により、時期による売上数には増減があるが、それぞれ対応するCDとDVDの売上数を見ると、CDが多いことからも、CDだけを購入する「購入者1」に加え、DVDも購入する「購入者2」に区別する妥当性が推察される。

　ファン行動の具体的行動である「購入する」と対応する部分は大きいが、「購入する」は期間限定、または販売場所が限定されるグッズなどの購入も含むものであり、ここでの「購入者2」にあたる場合と、さらに販売場所により非日常生活圏への移動を伴う場合は、次段階の「参戦者」にあたるといえる。

③「参戦者」

　第三段階の「参戦者」は、コンサートへの参加やロケ地めぐりなど、日常生活圏外への行動を伴う段階である。「参戦」という言葉は、ジャニーズ事務所のアイドルのファンの間で、コンサートへの参加について「参戦」という表現が使われるためである。「参戦者」は、さらに3つの段階に分けることができる。

　「参戦者1」は日帰り圏内で昼間の時間で完了する行動、「参戦者2」は日帰り圏内でそのほかの時間帯も含む行動、「参戦者3」は宿泊を伴う行動である。「参戦者1」の"昼間の時間で完了"は、例えば子どもが学校に行っている間などに完了でき、家族の協力や理解は比較的少ないが、"そのほかの時間帯も含む"「参戦者2」の場合、特に子どもがいる家庭などでは、家族の協力や理解が必要となる点で異なる。コンサートなどの公演の多くは夕刻以降の開催が一般的であり、また公演時間が3時間程度であることを考える

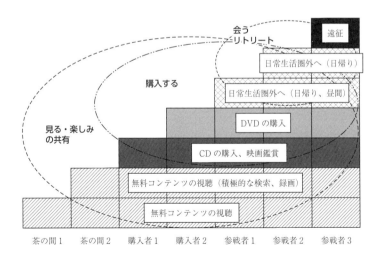

図3−1　ファン行動レベルモデル

と、コンサートに行く行動は、この「参戦者2」以上となる。「参戦者3」は宿泊を伴うことから、「参戦者2」以上に家族の協力や理解が必要となる上、費用面でも負担が大きくなるといえる。

「参戦者」の特徴といえるファン行動では、ファン行動の具体的行動である「会う」「リトリート」と対応するものが多い。これらをまとめると、図3−1の通りである。

2）「ファン行動レベル」の発展段階に関する事例研究

本項では、前項で設定した「ファン行動レベル」の発展段階について明らかにするため、事例研究を行い、その結果を考察する。

ⅰ 調査方法

実際のファンのファン行動の発展段階を明らかにするために、ファンに対し、質問紙調査と聞き取り調査を実施した。対象者は、40代の女性10名で、ファン行動の対象は、アイドルグループの「嵐」である。

嵐がデビューした1999年から2015年までの16年間に、テレビで放映された番組の中からグループまたはメンバーが主演した単発番組またはレギュラー出演した番組、発売されたCD・DVD、出演した映画、開催したコンサートを挙げたところ、246コンテンツであった。これらについて、当該ファンが放映、発売、開催当時に視聴、購入、参加したかを質問紙によって回答してもらい、補足として聞き取り調査を実施した。

ⅱ 調査結果

図3−2は、調査結果を各対象者別に分析した結果の一例である。各年に放映、発売、開催されたコンテンツに対し、どれだけ視聴、購入、参加したかの割合を、「茶の間」「購入1」「購入2」「参

戦」ごとに示した。

　たとえば、当該年に放映されたテレビ番組をすべて見た場合は、「茶の間」が100％であり、すべてのコンテンツについて網羅すると400％と積み上げられる。

　なお、テレビの視聴について、事後調査である本調査では、録画や検索をしたかどうかという「茶の間1」と「茶の間2」の区別は困難であり、ここでは区別していない。また、「参戦」については、1つのコンテンツとして計上しているあるコンサートについて、実際には複数回、複数会場で行われており、対象者によっては複数回、複数会場に参加している場合もある。しかし、すべてを網羅することは現実的でないことから、1度でも参加すれば参加とした。宿泊を伴うものと伴わないものがその中で併存している場合があるため、「参戦1」「参戦2」「参戦3」の区別をここではしていない。

　図3－2のケース①の場合、1999年からテレビでの視聴が始まっている。本人の認識として、あるメンバーのファンであるという意識はデビューの1999年当時からあったといい、意識してテレビ視聴を行っていたというが、2006年までは購買行動はほとんど見られない。2004年の購買行動は「5周年の記念アルバム（CD）」のもので、特別であったという。2007年にファンとしての気持ちが高まり、CDなどの購入（購入1）、さらにはコンサートDVDの購入（購入2）などの行動が起きると共に、コンサートへの参戦を意識し始め、知人にチケットを譲ってもらう機会を得た。このコンサートへの参戦をきっかけに、これまでのテレビの視聴を通して感じられていたファン意識が圧倒的に強まり、それまで購入していなかったCD、DVDなどを遡って購入すると共に、これ以降発表されるCD、DVDなどはほぼすべて購入している。さらにコンサートなどへの参戦行動についても同様である。首都圏在住の対象者①の宿

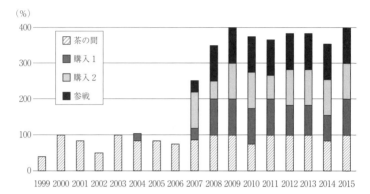

図3-2　ファン行動レベルの発展段階　ケース①

泊を伴う参戦については、2008年に名古屋、札幌、2011年に名古屋、2012年に札幌、2014年にハワイ、札幌、2015年に宮城、大阪へ行っている。対象者①は2008年時点で未就学児の子どもがいるが、普段から仕事の都合上、子どもを預けての出張などに出ることがあることもあり、家族の理解を得て出かけているという。

　図3-3の事例のケース②の場合、テレビの視聴が始まったのは、1999年からである。ファンという意識は当初はなく、たまたま見るテレビ番組の一つという位置づけであったという。2005年に見たドラマで、メンバーの一人を意識するようになり、主題歌となった楽曲CDの購入をしている。これ以降ファンとしての意識が高まり、意図的にテレビ視聴を行ったという。2005年に視聴したドラマの続編を2007年に見たことをきっかけにファンとしての気持ちが高まり、CDなどの購入（購入1）、さらにはコンサートDVDの購入（購入2）などの行動が起きた。自分でコンサートのチケットを得て参戦をすると、ますますファン意識が高まり、以降は購入や参戦などをやはりほとんど網羅するようになっている。首都圏在住の対象者②の宿泊を伴う参戦については、2008年、2011

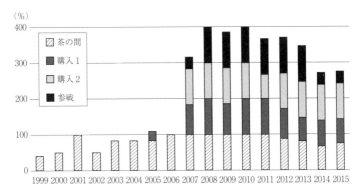

（％）

図3-3　ファン行動レベルの発展段階　ケース②

年に名古屋、2014年にハワイ、札幌、2015年に宮城、大阪に行っ
ている。出身地の名古屋以外は、2013年までは第二子（末子）が小
学生であったため控えていたが、中学生になったことから2014年
からは行きやすくなったという。

　図3-4の事例のケース③の場合、2006年まではたまたまメン
バーが出演しているドラマなどのテレビ番組を視聴したことがあっ
たに過ぎなかった。2006年にメンバーが出演するバラエティ番組
を見始めたことをきっかけに、継続して視聴するようになり、ファ
ンとなったという。2007年にはテレビの視聴（茶の間）に加え、
CDやDVDの購入行動が見られるようになり、翌2008年からコン
サートへの参戦が始まり、その他のファン行動も盛んとなってい
る。ただし2009年は第二子を妊娠、出産のため、参戦行動は控え
ている。首都圏在住の対象者③の宿泊を伴う参戦については、
2015年に宮城のみである。2009年に出産した第二子（末子）が小
さいため、宿泊を伴う参戦は普段は考えないが、2015年の宮城は、
宮城でのみ開催された特別な公演であったことから、家族の協力を
得て、参戦したという。また、コンサートへは行かないが、家族旅

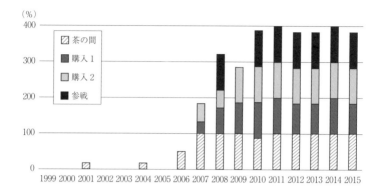

(%)

図3−4　ファン行動レベルの発展段階　ケース③

行先をファン対象の主演映画撮影地のある都市にし、家族で訪れる
などの行動をしている。

　図3−5の事例のケース④の場合、もともとファン対象が所属す
る事務所のアイドルなどに興味があったため、1999年のデビュー
シングルCDを購入した。2007年まではたまたまメンバーが出演
しているドラマなどのテレビ番組を視聴し、気に入ったドラマが映
画化された際には映画鑑賞も行っている（2003年、2006年）。2006年
にメンバーが出演するバラエティ番組を見始めたことをきっかけ
に、継続して視聴するようになり、ファンとなった。翌2007年に
はテレビの視聴（茶の間）に加え、CDやDVDの購入行動、2008
年からコンサートへの参戦行動がみられる。対象者④は東北地方在
住であるため、2015年の宮城開催公演以外は、すべて宿泊を伴う
行動となる。したがって、参戦行動には時間的制約が大きく、仕事
の都合などを考慮すると、参戦をあきらめざるを得ない公演もある
という。2011年は東日本大震災で被災し、仕事や生活拠点が変わっ
たため、余裕がなく、参戦はできなかった。宿泊を伴う参戦先は、
東京（2008年、2009年、2010年、2014年、2015年）、名古屋（2009年、

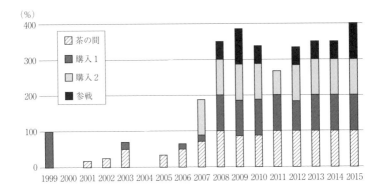

図3-5　ファン行動レベルの発展段階　ケース④

2012年)、福岡（2013年）であった。

　ⅲ 「ファン行動レベル」の発展段階

　このような手続きで分析したところ、本分析の多くの対象者において、ファン行動はテレビの視聴行動（「茶の間」）をきっかけとしていた。視聴時点ではファンという意識はなく、日常の行動の延長上でのテレビ視聴行動を通し、ファン対象を知り、ファンとなっていた。その上で、第二段階であるCDの購入行動、映画鑑賞など（「購入1」）が見られるようになっていた。次いでDVDの購入行動（「購入2」）と、宿泊を伴わない参戦行動（「参戦1」「参戦2」）が、多くの事例において発生していた。各対象によりその時期や度合には多少の違いがあるものの、発展段階は、「茶の間」から「購入」「参戦」の流れであった。また、参戦行動が発生した成熟した段階になると、視聴行動や購入行動も盛んになっていた。多くの調査対象者の回答において、すべてのコンテンツが網羅されるようになり、それ以前と比べてはるかに行動全体が活発になっていた。

　ただし、この成熟した段階がさらに進むと、テレビの視聴と購入

行動が網羅されていた状態から、ところどころに抜けがある、「む
ら」が認められた。これは、メンバーの中の特定のメンバーのファ
ンとなる「担当」になると、対象とする特定のメンバーに行動が特
化し、「担当」が出演しないその他のメンバーだけでの出演番組な
どが省かれるためであった。

　また、「参戦」段階まで発展したファン行動は、日帰りが可能な
範囲から、宿泊を伴わない参戦行動へと広がりを見せていた。本分
析の事例では、家族の世話、自身の健康（本分析では妊娠、出産）、
仕事などが、宿泊を伴う行動の阻害要因となっており、一方でそこ
にしかない「特別な公演」においてはその阻害要因を超える強い誘
致力をもっていることが示された。

（２）「ファン行動レベル」とファンツーリズム

　アイドル、タレントを対象とするファン行動は、日常生活におけ
るテレビ視聴など、特別な費用も手間も要しないコンテンツをきっ
かけに発生し、次第に費用を要する「購入」、そして「会う」ため
に時間を要する「参加」する行動へ発展していくことが確認され
た。また、「参加」する行動まで成熟したファン行動レベルの段階
においては、それまでの行動もさらに盛んになることがわかった。
ただし、ファン意識が高まっても、費用や時間が自由にならない制
約がある場合は、行動の発展は起きにくい。またファン行動を自由
に行うためには、「家族の理解」も必要となる場合もある。

　すなわち、「ファン行動レベル」は、ファン対象に対する思いの
強さに加え、さまざまな要因の影響を受ける。その要因は、「時間」
「費用」「理解」の３要素であると考えられる。これらの影響を受け
ずにできる「ファン行動レベル」を「茶の間」、「費用」を要する段
階を「購入者」、「時間」「理解」を要する段階を「参戦者」と区分

できる。

　観光（ツーリズム）は、楽しみのための旅行と定義され、日常生活圏外への移動を伴う活動である。したがって、「ファンツーリズム」という現象は、ファン行動のうち、外的行動として認められるものである。「ファン行動レベル」の最終段階である「参戦者」は、コンサートへの参加やロケ地巡りなど、日常生活圏外への行動を伴う段階であり、この段階のファン行動がファンツーリズムといえる。

　ファンツーリズムは、対象の代替性のない魅力により、非常に強い誘致力を持つものである。そして行動主体の楽しみのみならず、観光の経済的効果、社会文化的効果を客体、すなわち受け入れる地域にももたらすものである。

　一方でこうしたファン行動は、「社会適合性」という点も考慮される必要があろう。

　ファン行動が内的行動の段階においても、ファンの意識が強いあまり、他者の排除をするための社会適合性の低い行動が報告されている[1]。さらに外的行動は、他者への迷惑行為となるほか、時には犯罪につながるものもある。サッカーにおけるフーリガンなどがこれにあたる。アイドルのファン行動においても、野外会場でのコンサート開催時に、「音漏れ参戦」といわれる会場周辺にたむろする行為が、近隣住民の迷惑となったなどの事例もある（図3−6）。

　ファンツーリズムは、主体の楽しみのみならず、観光の経済的効果、社会文化的効果を客体、すなわち受け入れる地域にももたらすものである。しかし、主体の楽しみだけが優先された行動は、社会適合性を有しないものとなる場合があり、ファンツーリズムのあり方に課題を投げかけるものといえる。

上：チケットを持たないファンが立入禁
　　止区域で座り込む
下：滞留を禁止する貼り紙

2011年国立競技場で開催の7万人収容の
コンサートに対し、周辺に約3万人があ
つまったといわれる。
（前調査ケース①の聞き取り対象者によ
る撮影）

今後コンサートが
開催できなくなる
可能性があります

国立競技場周辺
及び歩道での滞留は
絶対におやめ下さい

図3－6　会場周辺にたむろするファンの様子

（3）「ファン行動レベル」の発展段階に影響を与える要素

ファン行動の実態に関する内容分析に基づき、それに影響を与える要素として「費用」「時間」「理解」の3つの要素を想定し、それに基づき設定した「ファン行動レベル」について、前項では実際のファン行動に関する調査を通して、その発展段階を確認した。本項では、この発展段階に影響を与える「費用」「時間」「理解」の3つの要素について、さらに客観的に考察を行う。

1）調査方法

本調査はWeb上で実施した。調査対象者は、アイドルグループの「嵐」のファンであると自認する人で、2017年2月の1か月間に計208名（男性：7名、女性：201名）の回答を得た。回答者の年代別回答数は表3-1の通りである。

本調査では、「嵐のドームツアーコンサートに初めて参戦した後、チケットが取れないという理由以外で、参戦しなかった、あるいは参戦できなかった理由」について、下記の9項目のそれぞれに、「まったく影響していない」から「大いに影響があった」まで5段階評価で回答してもらった。

①仕事・学業の都合
②育児・介護
③家族の世話
④自分自身の体調不良
⑤家族の理解が得られない
⑥経済的に難しい
⑦周囲の目が気になる
⑧一緒に入る人がいない
⑨当該の公演に興味がなかった

表3-1　回答者の年代別分布

年代	n	％
10代	50	24.0
20代	46	22.1
30代	26	12.5
40代	52	25.0
50代	28	13.5
60代	5	2.4
70代以上	1	0.5
全体	208	100.0

2）調査結果

　これらの項目への回答について因子分析を行ったところ、表3-2のような結果が得られた。この中で因子負荷量が低く、信頼性も低くする変数「自分自身の体調不良」を除去した。家族の世話や育児・介護を「家族の世話」とし、一緒に行きたい人がいない、周囲の目が気になる、家族の理解が得られない、を「周囲環境」、仕事・学業、経済的に難しい、当該の公演に興味なし、を「自分の問題」とした。

　因子分析の結果からは、コンサート参戦に関して、「家族の世話」「周囲環境」「自分の問題」の3つの阻害要因が確認できた。

　さらに、追加分析として、これらの3つの因子と回答者の特性変数間のt検定を行った結果、「仕事の有無」、「同居家族の有無」、「子どもの有無」、「配偶者の有無」、「配偶者との同居」の変数に対して差があることが分かった（表3-3）。

　これらの結果から、以下のことが言える。

①「仕事がない」方が「周囲環境」に影響される
（←「周囲との関係」要因：仕事の有無によって差異）

　仕事がない方が、「周囲環境」の影響を受ける点について、ここでいう仕事とは、家事や育児以外の仕事のことである。家事や育児も本質的に仕事であり、その仕事によって直接的に収入を得ていないとしても、間接的に収入を得るに値するものである。しかし、その収入は家庭内で分配されるものであり、「家族の理解が得られない」とそれは得にくい状況になる。また、この家事や育児も間接的に収入を得るに値するという考えは現代的なもので、近代以降の日本では長らく、直接的収入を得ている者を大黒柱とし、家事や育児を担う者はそのサポート役とみなされることが一般的であった。長らく一般的とされていたこうした考えにより、仮に「家族の理解」

表3-2 「コンサート参加への参加をしなかった理由」の結果についての因子分析

因子名（仮）	変数	因子負荷量	固有値	分散率	α係数
1．家族の世話	家族の世話	.884	1.837	22.966	.765
	育児・介護	.877			
2．周囲環境	一緒に行きたい人がいない	.790	1.768	22.105	.576
	周囲の目が気になる	.692			
	家族の理解が得られない	.630			
3．自分の問題	仕事・学業	.817	1.498	18.730	.466
	経済的に難しい	.648			
	当該の公演に興味なし	.593			

累積分散率：63.801
KMO ＝.647　Bartlett の球面性検定近似カイ2乗＝200.942　有意確率 .000***

***：p<.001

表3-3　コンサートに参加しなかった理由3因子と特性の関係（t検定のまとめ）

検定変数	分類	平均	(n)	標準偏差	T値	有意
1．周囲環境	仕事がある	1.1297	-99	0.68428	-2.118	.040
	仕事がない	1.7407	-36	1.17948		
2．家族の世話	配偶者・子ども以外の同居家族の有	1.3443	-61	1.13483	-2.779	.006
	配偶者・子ども以外の同居家族の無	2.0270	-74	1.70393		
3．家族の世話	子どもがいる	2.7857	-49	2.03613	5.676	.000
	子どもがいない	1.1105	-86	0.46274		
4．自分の問題	配偶者と同居している	1.7917	-56	1.07977	0.817	.007
	配偶者と同居していない	3.1111	-6	1.37706		
5．自分の問題	配偶者がいる	1.9194	-62	1.16676	-1.151	.033
	配偶者がいない	2.3927	-73	1.35895		
6．自分の問題	子どもがいる	-0.2385	-49	0.82167	-2.276	.025
	子どもがいない	0.1359	-86	1.06944		
7．家族の世話	配偶者がいる	2.4516	-62	1.94538	5.383	.000
	配偶者がいない	1.0959	-73	0.4138		

p<.05

が得られたとしても、「周囲の目が気になる」という状況を生み出すと考えられる。

　ファンになってから自身に起きた変化について、合わせて実施した調査結果（表3−6「ファンになってからの自分自身の変化」、p.61参照）によると、「仕事を頑張るようになった」という質問に対する7段階評価で4.19と比較的高い平均値を示していた。"経済的自立"や配偶者との"対等性"を確保することで、家族の「理解」を乗り越えようとしていると考えられる。

　②「子どもがいる」方が、「配偶者がいる」方が、「配偶者・子ども以外の同居家族がいない」方が「家族の世話」に影響される
　（←「家族の世話」要因：子どもの有無によって差異）
　（←「家族の世話」要因：配偶者の有無によって差異）
　（←「家族の世話」要因：配偶者・子ども以外の同居家族の有無によって差異）

　今回の調査の回答者の年代は、表3−1の通り20代から40代が半数以上となっている。子どもがいると回答した72名のうち、年齢が一番下の子ども（末子）は、小学校低学年と小学校高学年が同じく11名（15.3%）、中学生が14名（19.4%）であった。「子どもがいる」ことは、まさに「家族の世話」や「育児」そのものであり、影響を受けるのは当然であることが確認される。

　総務省が実施した「労働力調査」によると、「夫のみが雇用者で妻が非就業者である世帯」の数に対し「夫婦共働き世帯」の数は、かつては「夫のみが雇用者で妻が非就業者である世帯」が多数派であったのが1997年に逆転し、以降は「夫婦共働き世帯」の数が継続して増加傾向にある。一方で、国立社会保障・人口問題研究所が2013年に実施した「第5回全国家庭動向調査」によると、「夫と妻の家事分担割合」は、夫が14.9%、妻が85.1%であった。夫の家事

分担割合は、調査を開始した1993年から数％増加したものの、大きな変化はなく、大半を妻が行っている。女性が職業をもつことが増えている現在においても依然として、家事分担が基本的に女性中心のままの家庭が多数派である現状が指摘される。日常的に家庭内での家事・育児などを女性自身が中心となって担っている状況において、「配偶者がいる」ことは、それを分かち合えたり、自身のファンツーリズムの期間中に一時的に依頼できたりするパートナーとはならず、配偶者自体が「家族の世話」の対象となる場合や、配偶者の「理解」を得る必要が出てくる可能性がある。

　また一般的に子どもは、時間の経過とともに成長し、手がかからなくなるため、影響を受ける期間は限定的であるといえるが、配偶者については、ファンでいることへの「理解」が深まるとは限らないため、長期にわたって影響を受ける可能性も考えられる。

　配偶者・子ども以外の同居家族がいない場合、「家族の世話」や「育児・介護」といった家庭内で自身が担っている役割を代わりに行う人がいない。一方、配偶者・子ども以外の同居家族がいると回答したケースにおいては、「実母」との同居が多かった。日常において「家族の世話」や「育児・介護」などの役割を自身が中心になって担っていたとしても、実母がいればそれを代わりやすい、また依頼しやすいという状況が浮かび上がる。

　③「配偶者がいない」方が、「配偶者と同居していない」方が、「子どもがいない」方が、「自分の問題」に影響される
　（←「自分の問題」要因：配偶者の有無によって差異）
　（←「自分の問題」要因：配偶者との同居の有無によって差異）
　（←「自分の問題」要因：子どもの有無によって差異）
　「自分の問題」は、「仕事・学業」の都合や「経済的に難しい」などである。「配偶者がいない」、「配偶者と同居していない」、「子ど

もがいない」方が「自分の問題」による影響が大きいのは、配偶者や子どもの世話などに「時間」が取られず、「理解」も必要としない一方で、経済面の「費用」の問題が浮上するからであるといえよう。また「配偶者がいない」ことは、自らの生活を支えるため、仕事が相対的により重要となるともいえる。

　さらに記述統計による参戦しなかった理由の平均値をみると、「仕事・学業」（3.01）が最も高い（表3−4）。本調査はコンサートに参戦したことがあるファン135名による回答であることから、その他の影響する要因については、すでに何らかの方法で自ら調整・解決したことがあるといえる。一方で、仕事や学業については、参戦の希望があっても、自分だけで調整することが難しいものであり、より度数が高くなったと考えられる。

表3−4　「コンサート参加への参加をしなかった理由」の結果（記述統計）

	度数	最小値	最大値	平均値	標準偏差
仕事・学業	135	1	7	3.01	2.396
育児・介護	135	1	7	1.87	1.872
家族の世話	135	1	7	1.57	1.453
自分自身の体調不良	135	1	7	1.40	1.235
家族の理解が得られない	135	1	7	1.55	1.397
経済的に難しい	135	1	7	2.27	1.953
周囲の目が気になる	135	1	6	1.20	.799
一緒に行く人がいない	135	1	7	1.50	1.239
当該の公演に興味なし	135	1	6	1.24	.893
有効なケースの数（リストごと）	135				

（4）ファンになることでファン自身に起こる変化

　ここまでファン行動がどのように発展するか、そしてそれに影響を与える要素についてみてきた。本項では、ファンになることでファン自身に起こった変化についていてみることとする。

　前項の調査と合わせて、「ファンになることでの自分自身の変化」について、下記の13項目のそれぞれに、「全くそう思わない」から「強くそう思う」までの７段階評価で回答してもらった。

　　①IT 機器や使用方法に興味を持つようになった
　　②SNS（Twitter、Facebook など）を利用するようになった
　　③自分のブログやホームページで発信する回数が増えた
　　④パソコンやタブレットの機能を使いこなせるようになった
　　⑤カメラの機能や性能に興味を持つようになった
　　⑥友人・知人が増えた
　　⑦生活が充実していると感じる
　　⑧若返った気がする
　　⑨家族や友人・知人から「生き生きしている」などといわれる
　　⑩家族や友人・知人から「夢中になれるものがあってよかった
　　　ね」などといわれる
　　⑪新しい一日を迎えることが楽しい
　　⑫オシャレや化粧に気をつかうようになった
　　⑬仕事を始めたり、仕事を頑張るようになった

　これらの項目への回答について因子分析を行ったところ、表3－5のような結果が得られた。因子分析の結果からは、ファンになったことで、「生活上の気持ちの変化」「IT 機器や SNS の利用」の２つの変化が確認できた。

表3-5 「ファンになってからの自分自身の変化」の結果についての因子分析

因子名	変数	因子負荷量	固有値	分散率	α係数
1．生活上の気持ちの変化	家族や友人・知人から「生き生きしている」などと言われる	.824	4.438	34.136	0.895
	若返った気がする	.798			
	周りの人達に夢中になれることがあって良かったねと言われる	.785			
	生活が充実していると感じる	.734			
	オシャレや化粧に気を使うようになった	.729			
	新しい一日を迎えることが楽しい	.728			
	仕事を頑張るようになった	.619			
	友人・知人が増えた	.557			
2．IT機器やSNSの利用	パソコン・タブレットを使いこなせる	.816	3.259	25.069	0.814
	カメラの機能・性能に興味を持つようになった	.811			
	IT機器や使用方法に興味を持つようになった	.704			
	SNSを利用できるようになった	.688			
	ブログやHPを作ったり発信回数が増えた	.616			

累積分散率：59.204
KMO=.896 Bartlettの球面性検定近似カイ2乗＝1339.699　有意確率 .000***
***：p<.001

　さらに記述統計によるファンになってからの自分自身の変化についての平均値（表3-6）をみてみると、全般的に高い数値を示している。「IT機器や使用方法に興味を持つ」と「ブログやHPをつくる」が相対的に低い値を示しているが、これは、回答者の年代（表3-1）が10代から30代までが60%近くを占めていることから、ブログやホームページよりも、インスタグラムやツイッターなどSNSの利用率が高いことが理由と考えられる。

表3−6 「ファンになってからの自分自身の変化」の結果（記述統計）

	度数	最小値	最大値	平均値	標準偏差
IT機器や使用方法に興味を持つ	208	1	6	3.51	1.736
SNSを利用できるようになる	208	1	6	4.45	1.782
ブログやHPをつくる	208	1	6	2.72	1.807
パソコン・タブレットを使いこなせる	208	1	6	3.68	1.793
カメラ機能・性能に興味	208	1	6	3.14	1.682
友人・知人が増えた	208	1	6	4.69	1.582
生活が充実していると感じる	208	1	6	5.18	1.197
若返った気がする	208	1	6	4.42	1.422
周りの人達に生き生きとしていると言われる	208	1	6	4.12	1.621
周りの人達に夢中になれることがあって良かったねと言われる	208	1	6	4.12	1.670
新しい一日を迎えることが楽しい	208	1	6	4.19	1.386
オシャレや化粧に気を使うようになった	208	1	6	4.20	1.464
仕事を頑張るようになった	208	1	6	4.19	1.536
有効なケースの数（リストごと）	208				

　これらの結果から、以下のことが言える。

　①ファンになることは、IT機器やSNSの利用を高める

　36〜37ページで述べた通り、ファン行動は、多くの行動の対象で場所や期間が限定されているものがあり、限定されているものほど誘致力が高いため、情報収集が非常に重要である。これを背景に、「IT機器やSNSの利用」が促進されると考えられる。さらにこうした「IT機器やSNSの利用」は、ファン同士の出会いにつながる。「ファン行動の同行者」（p.33）で述べた、『インターネットなどを通しての情報交換や交流を行っていた直接面識がない人と、初めて現実に会った場合や、友人の友人と初めて出会うなどの場合』などにつながる。こうして新しい友人関係が生み出されること

は、趣味を通じた新しい友人関係の構築に加え、「楽しみの共有」という楽しみにも通じる。さらにこの友人関係のネットワークは、人気のコンサートチケット獲得において協力関係を築き、ファン行動をより円滑にすることにもつながっていた。このように、ファン行動の充実にはインターネットやSNSは欠かせないものとなっており、本調査結果からも確認された。

　②ファンになることは、生活上の気持ちに変化を与える
　ファンになることで「友人・知人が増える」のは、ファン活動自体が一つの趣味ということができ、新しい趣味を通して友人が増えるためである。また、IT機器やSNSの利用が増加することによって、新しい友人関係が生み出されもしている。また、アイドルのファンであることは一種の疑似恋愛としてとらえられる場合もあり、ファンになることで「オシャレや化粧に気をつかうようになった」という変化はそのためであろう。「仕事を頑張るようになった」のは、ファン行動に影響を与える要素の一つとして「費用」があげられることに加え、前述の通り、家族などの「理解」を得るためにも促進されるためである。

　こうした変化に加え、ファンになることで「生き生きしている」「若返った」「夢中になれることがあってよかった」「生活が充実している」「新しい一日を迎えることが楽しい」など、自身の生活や生き方などについての意識、気持ちなどにもプラス方向への変化が起きていた。

　アイドルというある意味での虚像へと思いを募らせる行動は、他者からは滑稽にうつることがあるかもしれない。今回の調査対象者たちは各世代にわたっており、特に10代や20代といった「若者」といわれるような世代を超えた人たちが、時に年下の異性のアイドルに思いを募らせることは、ましてや、である。しかし、人が何か

に夢中になり、全力で熱中すること、生活や人生に楽しみや充実感を感じることは、他人に迷惑さえかけなければその人の自由であり、幸せをもたらすものといえるのではないだろうか。

　ファン行動は、そしてファンツーリズムは、そのありように課題がある場合も否定できないが、人生を豊かにする可能性を秘めている。

注
１）辻泉（2007）関係性の楽園／地獄　ジャニーズ系アイドルをめぐるファンたちのコミュニケーション、東園子ほか『それぞれのファン研究』、風塵社、pp.243-289.

2．ファンツーリズムの旅行先での行動と地域

　本節では、ファンツーリズムの旅行先の広がりについて考察を行う。またファンツーリズムは、地域に経済効果をもたらすものであるが、多数のファンが訪れることは地域住民に迷惑となることもある（p.51, 52参照）。こうしたファンの行動によるマイナスが生じる事例がある一方で、ファンツーリズムと受け入れ地域の間に生まれた相互作用についてみることとする。

　なお、これらのファン行動をとっている対象者は、コンサートに行くことを「参戦」（p.43参照）、宿泊を伴う地域でのコンサート参戦を「遠征」と言うことから、ここでも同様に使うものとする。

（1）「会う」ためにでかける場所
　　　―コンサート参戦場所に関する調査―

1）調査方法
「参戦者」としての行動とファンツーリズムの関わりを明らかにするために、ファンに対し、質問紙調査と聞き取り調査を実施した。

　調査対象者は、20代から50代の女性16名（A－P）で、ファン行動の対象は、5人組アイドルグループの「嵐」である。

　「嵐」が最初のコンサート「嵐 FIRST CONCERT 2000」を行った2000年から、2016年のコンサート「ARASHI LIVE TOUR 2016-17　Are You Happy?」まで、17年間にグループで催した31公演（のべ152会場、457公演）について、調査対象者の参戦先を質問紙によって回答してもらい、補足として聞き取り調査を実施した。

　「嵐」のコンサートは、2008年の公演「ARASHI Marks2008 Dream-

A-live」以降、通常のツアー公演は、東京、札幌、名古屋、大阪、福岡の5大ドーム（および国立霞ヶ丘陸上競技場）で開催されている。また、2014年にグループの結成15周年を記念して開催された「ARASHI BLAST in Hawaii」の開催地であるハワイと、2015年に東日本大震災の復興支援公演として開催された「ARASHI BLAST in Miyagi」の開催地である宮城県利府町は、各会場でのみの限定公演となっている。

調査対象者のうち、A－Fの6名は、東京、千葉、神奈川の首都圏エリア在住で、東京会場に日帰りが可能である。G－Lの6名は、岩手、宮崎、山口、広島在住で、5大ドームには日帰りができない地方エリアである。M－Pの4名は、韓国人で、ソウル在住である。

2）調査結果
①初めてのコンサート参戦地
調査対象者はいずれも、2005年から2010年ごろにコンサートに行き始め、その多くがそれ以降継続的に参戦している。調査対象者の居住地と、初めてコンサートに参戦した都市は表3－7の通りである。同じ公演で複数会場を訪れたものは、訪れた順に併せて記載した。

最初に訪れた公演は、Iの1名以外の15名の調査対象者で、当該コンサートのうち居住地から最も近い開催地のものであった。宮崎在住のIの当該コンサートにおける最寄りの開催地は、福岡であったが、その福岡も日帰りは難しいことから、「どうせなら東京に行ってみたかった」と東京を選択していた。

G、H、I、L、M、N以外の10名は日帰りが可能な場所が選択されていた。宿泊を伴う遠征行動をしていたG、H、I、L、M、Nは、当該公演で日帰りが可能な都市での開催がなかった。

表3-7 居住地と初めて参戦した場所

エリア	対象者	居住地	参戦を開始した年	参戦地
首都圏	A	東京	2009	東京→大阪→札幌→名古屋
	B	千葉	2007	東京
	C	千葉	2007	東京
	D	千葉	2007	東京
	E	神奈川	2010	東京
	F	神奈川	2007	東京
地方	G	岩手	2008	東京
	H	山口	2009	福岡→東京
	I	宮崎	2005	東京
	J	広島	2007	広島
	K	広島	2006	広島
	L	広島	2009	福岡
海外	M	ソウル	2008	福岡
	N	ソウル	2009	札幌→名古屋
	O	ソウル	2008	ソウル
	P	ソウル	2008	ソウル

＊アンダーラインは日帰り可能な場所を表す

②参戦における宿泊を伴う遠征の割合

　調査対象者のこれまでののべ参戦都市数と、宿泊を伴う遠征都市数とその割合をまとめると、表3-8の通りである。

　初めて参戦してから、宿泊を伴う都市への遠征までの経過年数をみると、半数が初年度からで、宿泊を伴う遠征行動を行っていないEおよび宿泊率の低いB以外では、およそ3年以内に宿泊を伴う行動をとるようになっていた。宿泊率が相対的に低かったB、D、Fでは、宿泊に至るまでの年数がそれぞれ8年、1年、3年であった。Dは1年であるが、この遠征は実家のある都市に限られており、それ以外の都市への宿泊を伴う遠征行動は、7年目であった。

　宿泊を伴う遠征行動をしている対象者のうち、その割合が同一エ

66

表3−8　居住地と参戦行動に宿泊を伴う割合

エリア	対象者	居住地	のべ参戦都市数	のべ宿泊都市数	宿泊を伴う割合（％）	初参戦から宿泊に至る年数
首都圏	A	東京	20	10	50.0	0
	B	千葉	16	2	12.5	8
	C	千葉	23	10	43.5	1
	D	千葉	21	6	28.6	1
	E	神奈川	5	0	0.0	−
	F	神奈川	16	3	18.8	3
	エリア平均		16.2	4.2	20.7	2.2
地方	G	岩手	10	10	100.0	1
	H	山口	26	26	100.0	0
	I	宮崎	20	19	95.0	0
	J	広島	25	24	96.0	1
	K	広島	53	50	94.3	0
	L	広島	7	7	100.0	0
	エリア平均		23.5	22.7	97.6	0.3
海外	M	ソウル	14	13	92.9	0
	N	ソウル	13	13	100.0	0
	O	ソウル	5	4	80.0	2
	P	ソウル	10	9	90.0	2
	エリア平均		10.5	9.8	90.7	1
全体平均			17.8	12.9	68.8	1.0

リア内居住者に比べても相対的に低い、B（12.5%）、D（28.6%）、F（18.8%）について、宿泊を伴う遠征行動をとった場合について聞くと、「通常は遠征をしないが、（宮城のコンサートは）復興支援の特別なものだから行きたい気持ちが強く、そこでしかしないものだったから【B】」、「遠征は、実家のある地域しか行きにくかったが、子どもが中学生になったから最近行くようになった【D】」、「自分だけでは行きにくかったが、（家族を同行する）家族旅行にしたからたまには【F】」などの声が聞かれた。なお、Fはその後、宮城公演につ

いては、Bと同様の理由により、自分だけで参戦している。

③参戦都市

調査対象者のこれまでの参戦都市は、表3−9の通りである。

調査対象者は、宿泊を伴う開催地も含め、平均5.4都市を訪れていており、最寄りの開催地だけであったのはEとLの2名のみだった。Eは日帰り可能な最寄りの開催地のみ、広島在住のLは日帰り可能な開催地がなく、宿泊を伴う開催地のうち、最も近い開催地である大阪、福岡のみを選択していた。

表3−8でみた通り、地方エリアや海外エリア在住者は、日帰り可能な開催地がほとんどないため、宿泊を伴うことが多くなるのは当然である。宿泊を伴う遠征行動についての聞き取り調査の結果によると、「一人では行かれない。家族に車で送ってもらうので、車で行かれて、できるだけ近い場所にしている【L】」、「仕事の都合で、予定通りに帰れないと困るので、荒天でも代替の交通手段がある、できれば飛行機でなくても行かれる場所にしている【G】」、「どこでもいいが、知り合いがいて、チケット獲得を協力しやすい場所が多い【I】」、「どこでも、何度でも、チケットがある限り行きたい【K】」、「せっかく日本に行くのだから、行ったことがないところにしている【M】」など、それぞれの要因によって選択が行われていた。

首都圏エリア在住の場合では、会場の立地に加え、開催日が多いため、日帰り可能な都市での開催が多い。日帰りでの参戦が相対的に多くなる一方で、それでも宿泊を伴う遠征行動が、日帰り可能な都市があるツアー公演においても起きていた。日帰りが可能であっても遠征をする背景として、「日帰りだとゆっくりできない。余韻に浸ってのんびりしたい【A】」、「仕事とかぶらず、チケットが手に入るなら、どこでも行きたい【C】」などの声が聞かれた。

表3-9　居住地と参戦都市

エリア	対象者	居住地	通常ツアー公演 五大ドーム・国立競技場					限定公演		その他
			東京	札幌	名古屋	大阪	福岡	ハワイ	宮城	
首都圏	A	東京	◎	○	○	○	○	○	○	
	B	千葉	◎						○	
	C	千葉	◎	○	○	○	○	○	○	
	D	千葉	◎	○	○			○	○	
	E	神奈川	◎							
	F	神奈川	◎	○	◎					
地方	G	岩手	○				○			◎
	H	山口		○			○	○	○	長野
	I	宮崎	○							横浜、鹿児島
	J	広島		○			○	○	○	広島
	K	広島		○			○	○	○	広島、ソウル
	L	広島				○	○			
海外	M	ソウル	○	○	○	○	○			
	N	ソウル	○	○	○	○	○			
	O	ソウル	○	○	○	○	○			ソウル
	P	ソウル	○	○	○	○	○			ソウル

＊◎およびアンダーラインは日帰り可能な場所を表す
＊＊背景の網掛けは初めて参戦した都市を表す

3）コンサートの代替性と誘致力の高さ

　「参戦者」のファン行動は、「ファン行動レベル」の最終段階であり、ファン行動がかなり発展した状態であるといえる。中でもコンサートへの参戦行動は、「費用」「時間」「理解」という、ファン行動に影響を与える3要素が大きく必要となるものである。

　今回の調査結果で、初めてのコンサートは、日帰り可能な都市があれば日帰り可能な都市を、ない場合もほとんどすべての事例において、最も近い開催地が選択されていた。コンサートへの参戦とい

う、「費用」「時間」「理解」の3要素を大きく必要とする行動において、まずは第一歩を踏み出す様子がうかがわれた。

日帰り可能な都市での開催が多い、首都圏エリア在住者においては、宿泊を伴う遠征行動は多くない対象者もあった。しかし、宿泊を伴う遠征行動をしないと見ることができない、日帰り可能な場所での開催がない限定公演においては、遠征行動をとる対象者が増加していた。コンサートは、ファン対象に「会える」限られた場である。ファンツーリズムは、もともと対象の代替性の低さから、その誘致力は高いが、さらに代替性の低い条件では、誘致力が一層高くなっていることが確認された。すなわち、日帰り可能な場所での開催がほとんどない、地方エリアや海外エリア在住者の遠征行動の多さと同様であるといえる。

いずれの調査対象者も、継続的にコンサートへの参戦行動を行っており、どの対象者からも「（同一公演でも）できれば何回でも行きたい」という声が聞かれた。その結果が、複数の会場を訪れる行動や、首都圏在住者の通常ツアーにおける遠征行動のように、日帰り可能な場所での開催があったとしても、さらに宿泊を伴う遠征行動に駆り立てているものと考えられる。

4）遠征動機、遠征先の選定

ファン行動における「参戦者」の行動は、非日常生活圏外への移動を伴うが、このように強い誘致力によって起きる宿泊を伴う遠征行動は、まさに非日常の観光につながるものである。

遠征行動は、日帰り可能な都市で開催がないという、強いられた結果としてもあるが、「何度でも複数回参戦したい」、「遠征先の方がチケットを取りやすい」、または「日常から離れたい」などの理由によっても生じていた。強いられた結果としての場合は、なるべく近くの開催地が選択されるが、そのほかの理由の場合、それぞれ

の思いを実現するための遠征先選定が行われる。

（2）写真に映るファン心―遠征先での行動に関する調査―

1）調査方法

ファンツーリズムとして認められる参戦行動の中でも、より旅行としての要素が高い、宿泊を伴う参戦行動、すなわち遠征先での行動について分析を行うため、ファンのスマートフォンに記録された写真情報の内容分析と補足として聞き取り調査を実施した。

調査対象者は首都圏在住の40代の女性で、ファン行動の対象は、アイドルグループの「嵐」である。

2）調査結果

①2014年ハワイ（4泊6日）の事例

2014年9月18日〜23日の4泊6日で、ハワイ・オアフ島アウラニ特設会場で開催されたコンサートに参戦した。ファンクラブ主催コンサート参戦ツアーに参加している。ツアーは、航空券、空港送迎、ホテル、コンサート参戦（1日分）、ワイキキ市内〜コンサート会場送迎（1日分）、現地参加イベント（2回）が含まれている。コンサート会場は、ワイキキ市内から車で1時間ほどのところにあり、公共交通機関としてはバスがあるが、観光者にはわかりにくく、利用は現実的ではない。調査対象者はツアーに含まれた1日分のチケットとその送迎バスのほか、もう1日分のチケットを個人で購入、もう1日分の送迎については、現地旅行会社を通して定額タクシーを手配している。

このコンサートでは、コンサートグッズの購入は国内で事前に終えており、主なファン行動としては、コンサートやイベントに参加することであった。

表3−10　ファンツーリズムの行動事例①（ハワイ4泊6日）

	場所・行動	撮影対象	観光関連行動
1	【移動】		
	関連イベント	イベントの様子	
	昼食①	スムージーなど	名物料理
	ショッピングモール	ウィンドウ、街並みなど	ショッピング
	夕食①	多様なビールなど	名物料理（有名店）
2	ワイキキビーチ	サンライズ	
	朝食①	パンケーキ	名物料理（有名店）
	関連イベント	イベントの様子	
	ワイキキ市内散策	街並み	観光名所
	夕食②	ステーキなど	名物料理（有名店）
3	朝食②	サンドイッチ	
	コンサート（ツアー）	会場の様子	
4	ダイヤモンドヘッド	登山の様子など	トレッキング
	朝市（朝食③）	朝市、ガレットなど	名物料理
	【コンサート】		
5	【帰国】		

表内の【　】は写真が残っていなかった行動

　ファン行動以外の時間について、ワイキキ市内を中心にショッピングや市内散策などを行うほか、ダイヤモンドヘッド登山や朝市へでかけるなど、ワイキキを訪れた観光者らしい行動が見られる。また、食事については事前の下調べなどに基づき、有名店（朝食①、夕食①②）名物料理（朝食①③、昼食①、夕食①②）が選択されている（表3−10）。また、街の目抜き通りや複数のブランドショップなどに、コンサートを歓迎するディスプレイが施されており、これらの撮影なども盛んに行われた（図3−7）。

②2014年札幌（2泊3日）の事例
2014年12月12日〜14日の2泊3日で、札幌ドームで開催された

左上：ワイキキの目抜き通りに掲げられたフラッグ
右上：フラッグの拡大画像
下：ブランドショップ等でも歓迎ディプレイが多数行われた

ハワイでのコンサート開催に際して、街中に多数見られた歓迎フラッグやディプレイ
は、ファンのフォトスポットにもなった（調査対象者撮影）

図3-7　ファンツーリズムの遠征先でのファン行動事例①

表3−11　ファンツーリズムの行動事例②（札幌2泊3日）

	場所・行動	撮影対象	観光関連行動
1	【移動】		
	【現地のファン友だちに会う】		
	【グッズの購入】		
	羊ヶ丘展望台	街並み、眺望、札幌ドーム	観光名所
	昼食①	ジンギスカン	名物料理
	ショッピングモール	ディスプレイ	
	【コンサート】		
	夕食①	カニ、カキなど	名物料理
2	昼食②	寿司（イクラ、ウニなど）	名物料理（有名店）
	札幌時計台	札幌時計台	観光名所
	コンサート	フリフラデータ登録所	
	大通公園	イルミネーションなど	観光名所
	夕食②	ザンギ、白子の天ぷらなど	名物料理
	夜食	味噌バターラーメン	名物料理
3	旧道庁舎	旧道庁舎	観光名所
	札幌駅	札幌駅	観光名所
	新千歳空港	チョコレート店	名物料理
	昼食③	スープカレー	名物料理
	【帰京】		

表内の【　】は写真は残っていなかった行動

　コンサートに参戦した。コンサートチケット（2日分）はファンクラブを通して、航空券、ホテルは旅行会社を通して、個人で手配済みの旅行である。札幌ドームは、札幌市内の地下鉄駅を最寄り駅としており、市内の移動は地下鉄やタクシーなどを利用している。

　コンサートに参戦する以外に、会場で販売されるコンサートグッズの購入などのファン行動を行っている。

　こうしたファン行動以外の時間について、札幌市内の有名観光名所を訪れるほか、各食事では北海道ならではのメニューが選択されている（昼食①②③、夕食①②、夜食）（表3−11）。また、会場近隣

上：衣料品店でコンサートのうちわ等を使った展示
下：メンバーの CM 出演商品のプロモーションが飾られた店内

コンサート会場近くの大型ショッピングモールでは、コンサートを意識したディスプレイがあり、多くのファンが訪れる（調査対象者撮影）

図3−8　ファンツーリズムの遠征先での行動事例②

のショッピングモールでのファン対象 CM 商品の PR を観覧、撮影などの行動もみられた（図3-8）。

③2015年宮城（1泊4日）の事例

　2015年9月18日〜21日の1泊4日で、宮城県でのコンサートに参戦した。コンサートチケット（2日分）はファンクラブを通して、往復の夜行バス、宿泊先の旅館は、個人で手配済みの旅行である。コンサート会場（グランディ21）は、仙台近郊の利府町にあり、最寄り駅はJR利府駅であるが、駅からは約4キロある。公共交通機関を利用する場合、仙台駅から在来線を乗り継ぎ、利府駅下車後タクシーまたはバスとなるが、コンサート開催時には仙台駅前から事前予約制シャトルバスが運行されている。会場のある運動公園周辺には特に観光対象はなく、徒歩35分ほどのところに大型ショッピングモールが1軒あるのみである。多数の来場者をシャトルバスで一斉に送迎することは難しく、分散させて移動させること、またコンサート自体が東日本大震災で被災した東北地方の復興支援と位置付けられていたこともあり、運動公園内に「復興支援市場」として東北地方の自治体ブースや店舗などが多数配置され、フェスティバルのようにコンサート開催時間前に時間を過ごせるようになっていた（図3-9）。また、このコンサートの開催に伴い、近隣の宿泊施設の不足が問題となっており、対象者も1泊しか確保できなかったため、往復とも夜行バスでの移動を強いられた。

　コンサートに参戦する以外に、各地で来場者を歓迎するために飾られたディスプレイなどの撮影などのファン行動を行っている。会場が仙台市内から離れており、交通が不便であったことから、時間の多くをコンサート会場周辺で過ごさざるを得ず、観光名所を訪れたり、名物料理を食したりするなどの観光関連行動はかなり限定されている（昼食①と温泉のみ）（表3-12）。

上：「復興支援市場」と名付けられ、東北地方のさまざまな店舗等が並ぶ
下：「復興支援市場」に設けられた自治体のブース（写真は東松島市）

「復興支援市場」は、参戦者を分散させて輸送し、開演時間まで会場付近で楽しめるように、また「東北での開催」を感じ、「復興支援」に関心をもち、参加できる工夫がされていた（調査対象者撮影）

図3−9　ファンツーリズムの遠征先での行動事例③

表3-12　ファンツーリズムの行動事例③（宮城1泊4日）

	場所・行動	撮影対象	観光関連行動
1	【夜行バスで移動】		
2	仙台駅周辺	ディスプレイ	
	利府駅周辺	ディスプレイ	
	【グッズの購入】		
	昼食①	牛タン弁当	名物料理
	復興支援イベント会場	ディスプレイ	
	【コンサート】		
	夕食①	和定食	
	【温泉】		温泉
3	ショッピングモール	ディスプレイ	
	昼食②	ラーメン	
	【コンサート】		
	仙台駅周辺	ディスプレイ	
	夕食②		
	【夜行バスで移動】		
4	【帰京】		

表内の【　】は写真が残っていなかった行動

④2015年大阪（1泊3日）の事例

　2015年11月26日〜28日の1泊3日で、京セラドーム（大阪）での
コンサートに参戦した。コンサートチケット（2日分）はファンク
ラブを通して、行きの新幹線、宿泊先のホテル、帰りの夜行バスは
個人で手配済みの旅行である。京セラドームは、大阪市内の地下鉄
駅を最寄り駅としており、市内の移動は地下鉄や在来線などを利用
している。当初は2泊3日の旅程であったが、3日目に急遽仕事
が入ったため、2日目のコンサート終了後に夜行バスでの帰京と
なった。

　コンサートに参戦する以外に、会場で販売されるコンサートグッ
ズの購入、会場近隣のショッピングモールでのファン対象CM商

表3−13　ファンツーリズムの行動事例④（大阪1泊3日）

	場所・行動	撮影対象	観光関連行動
1	新幹線で移動・昼食	おにぎり	
	【グッズの購入】		
	【コンサート】		
	夕食①	焼肉	名物料理（有名店）
2	ショッピングモール	ディスプレイ	
	朝食	惣菜など	
	【ファン友だちに会う】		
	【あべのハルカス】		
	昼食	寿司	
	あべのハルカス展望台	展望台、眺望、友人	観光名所（ロケ地）
	【コンサート】		
	夕食②	居酒屋	
	【夜行バスで移動】		
3	【帰京】		

表内の【　】は写真が残っていなかった行動

品のPRを観覧などのファン行動を行っている。これ以外の時間について、大阪市内の観光対象としてあべのハルカスを訪れ、展望台にも上がっているが、多くの観光対象の中からここを選択した理由は、ファン対象の出演番組でロケ撮影地となっていたためである。食事については夕食①で有名店を事前に検索して行っているが、それ以外に特徴は見られない（表3−13）。

⑤2016年名古屋（1泊2日）の事例

2016年12月16日〜17日の1泊2日で、ナゴヤドームでのコンサートに参戦した。コンサートチケット（1日分）はファンクラブを通して、往復の新幹線、宿泊先のホテルは個人で手配済みの旅行である。ナゴヤドームは、名古屋市内の地下鉄駅、JR駅を最寄り駅としており、市内の移動は在来線などを利用している。

表3-14　ファンツーリズムの行動事例⑤（名古屋1泊2日）

	場所・行動	撮影対象	観光関連行動
1	新幹線で移動・昼食①	駅弁	
	【グッズの購入】		
	【コンサート】		
	夕食	手羽先など	名物料理
2	名古屋駅前	名古屋駅	
	昼食②	きしめん	名物料理

表内の【　】は写真が残っていなかった行動

　コンサートに参戦する以外に、会場で販売されるコンサートグッズの購入などのファン行動を行っている。この旅行は、昼過ぎに東京を出発し、翌日の昼には帰京しており、1泊2日の旅行としても滞在時間が短い。名古屋市内の観光名所などを訪れることはほぼなく、食事についてのみ名物料理（夕食、昼食②）を選択している（表3-14）。

3）遠征先での行動

　遠征先での行動は、コンサートに参戦すること、および各会場で販売されるコンサートグッズの購入などのファン行動が最優先される。それ以外の滞在時間で、観光名所などを訪れる、名物料理を食べるといった観光行動が「できる範囲で」行われていた。
　本調査結果によると、旅行として十分に時間を確保している事例（①ハワイ、②札幌）では、ファン行動以外の観光関連行動が盛んとなっていた。一方で、立地条件などにより行動が制限される事例（③宮城）や、仕事などにより帰京を早めざるを得なかった事例（④大阪）、さらには、宿泊は伴うが比較的近隣である事例（⑤名古屋）では、十分な滞在時間などが確保されないため、「できる範囲で」行える行動が制限され、観光関連行動が限定的となっていた。

このように遠征先での行動は、時間的余裕によって影響を受け、地域の食を食べるだけに終わる場合もあるが、一般の観光旅行と同様に観光関連行動が行われる場合もある。また、日常生活圏では会うことがない同じファン同士の友人が、コンサートのための遠征先で会うことになったり、近隣のロケ地巡りなどを計画的に行う場合もあった（図3−10）。

　ファンツーリズムでは、コンサート関連行動が最優先されるということから、その他の観光行動が限定される場合もあることがわかる。また、それぞれの地域ではさまざまな場面でコンサートやファンを歓迎するディスプレイなどが施されており、それらは、ファンの写真撮影などの対象となっていた。こうしたディスプレイは、ファンたちにとって地域から受け入れられている感じを得られることから、地域に対して好意的な感情を生み出すきっかけとなっているといえ、ファンツーリズムならではの地域とのかかわりの一端と見ることができる。

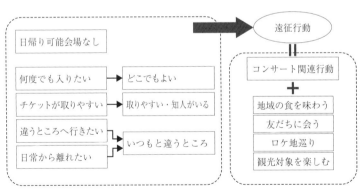

図3−10　遠征動機と遠征先の選定、遠征先での行動

（3）ファンと地域との出会い―相互作用に関する調査―

1）調査方法

　本調査は、ファンツーリズムを生じさせる大規模イベントとその受け入れ地域とのかかわりについて明らかにするため、受け入れ地域での聞き取り調査とSNS上のコメントおよび地域に送られた手紙、メールの内容分析を行った。

i 対象イベント

　調査対象とした大規模イベントは、2015年9月に開催されたアイドルグループの「嵐」のコンサート「ARASHI BLAST in Miyagi」（以下「嵐ブラスト」と表記）である。その経済効果について、宮城県は、直接効果約57億円、波及効果約36億円、計93億円を見込んでいると、各紙で報道されていた[1]。宮城県知事の直接的な誘致により、東日本大震災復興支援を目的としたコンサート「嵐ブラスト」は、2015年9月19日（土）・20日（日）、22日（火）・23日（水）の4日間にわたって開催された。「ひとめぼれスタジアム宮城」を運営する公益財団法人宮城県スポーツ振興財団から利府町に報告された「開催結果」[2]によると、4日間で203,030人、18日（金）と21日（月）のグッズ販売日にも合わせて16,104人がスタジアムを訪れている。

　当該イベントの開催地は、宮城県総合運動公園「グランディ・21」の施設の一つである「ひとめぼれスタジアム宮城」（約5万人収容）で、2000年から供用が開始され、2002年日韓サッカーワールドカップの試合が開催されたことでも知られる。SMAP、サザンオールスターズ、GLAY、EXILE、Mr.Childrenなどのアーティストが当該施設でコンサートを開催してきたが、自家用車での来場や送迎が多いため、周辺道路での大渋滞がクレーム要因となっていた。

利府町のホームページによると、利府町は「宮城県のほぼ中部に位置」する「東西に細長い町域」であり、「仙台市の中心部まで約30分の通勤・通学圏」である。コンサートが開催された2015年当時の人口は、約３万６千人で、2019年現在もほぼ変わっていない[3]。人口３万人規模の町に、１公演あたり約５万人のファンが、４日にわたって集まると分かったとき、利府町や利府観光協会が、一番心配したのが、渋滞や混乱である。以前に行われたアーティストなどの公演では、ファンだけでなく町民からも多くのクレームが寄せられるという事態が起きており、それらへの「対策」が最優先課題とされたのは当然の成り行きであったといえよう。しかも、町の予算は限られていた。

　当該施設は、最寄りの利府駅から約４キロあり、自家用車での移動が一般的であるが、大規模イベント時には混雑緩和のため、公共交通機関での移動が推奨され、利府駅からに加え仙台駅からシャトルバスが出ることがある。当該イベント時においては、仙台駅、泉中央駅、多賀城駅、利府駅からのシャトルバス、および旅行会社による参戦ツアーバスなどが主な移動手段となった。

　ⅱ 聞き取り調査の対象
　大規模コンサート受け入れに関わった利府町政策課政策班３名、産業振興課商工観光班３名、NPO法人利府町観光協会１名、計７名への聞き取りを2016年８月24日に実施した。併せて、シャトルバスの運行を行った宮城交通の担当者への聞き取りを実施した。

　２）調査結果
　ⅰ 利府町と利府観光協会での聞き取り調査結果
　当初は「どうなるのか」「どうすればよいのか」といった不安の

方が強かったという。こうした中、当時の町長から「4日間で、20万もの人が来るのだから、楽しんでもらえるように考えよう」という指示があった。職員たちも「利府を知ってもらう良いチャンス」と気持ちを切り替え、予算も含め、できる範囲で考え、実施した受け入れ策が以下のような内容であった。これらのうち、①から③までは、主に観光協会が担当した。（②、⑤、⑥については図3-11を参照）

①駅前にテント張の特設案内所を開設
②駅にコインロッカーがないことから、手荷物預かりサービス（1日1個500円）を実施
③コンサート用案内マップを作成し、特設案内所などで配布
④徒歩で会場に向かう人たちのために、町役場（利府駅から徒歩約15分）のトイレとホールを開放
⑤利府駅に嵐のメンバーカラー5色の風船を飾った歓迎幕を掲示。嵐の音楽を流す
⑥駅から会場までのルート各所に、案内チラシを掲示。前日の雨ではがれてしまったため、当日朝、急遽、ラミネート加工して掲示し直した
⑦町役場職員などが例年ボランティアで行っている町内清掃の時期をコンサート前の2015年9月16日に変更し、約200人が参加

さらに「グランディ・21」には約5,000台の駐車スペースがあるが、大きな課題となっていた交通渋滞対策として、駐車場利用を抑制するため、駐車場がないこと、マイカー以外の交通機関を利用してほしいことなどを、積極的に発信した。また町内には大型の宿泊施設がないため、宿泊の問い合わせには、塩釜市など近隣の施設を紹介した。しかしコンサートイベントの度に発生する交通渋滞や、宿泊などの経済効果を実感できないことなどから、町民には、迷惑感も強かったという。

左上：案内チラシ
右上：特設された手荷物預かり所
左下：メンバーカラー5色の風船を飾った歓迎幕

（写真提供：利府町、利府観光協会）

図3－11　利府町と利府観光協会が手作りで用意した受け入れ策

　このうち特に⑦の利府駅から会場までの道路を清掃したボランティア活動が、地元紙の「河北新報」（図3－12）やテレビ番組「あさチャン！」などのマスメディアで紹介されると、それを見聞きしたファンたちが「利府のおもてなし」としてSNS上にアップし、急速に拡散されていった。

ⅱ 宮城交通の聞き取り調査結果

　バス輸送計画に関わった宮城交通の担当者への聞き取りによると、会場へは仙台発、泉中央発、多賀城発、利府発の4コースが

大型連休 利府で4公演　全国のファンおもてなし

嵐　「一町発信の貴重な機会」　張り切る町職員

人気グループ「嵐」が秋の大型連休（19〜23日）中の4日間、利府町の宮城スタジアムで大規模コンサートを開催するのに合わせ、同町はJR東北線利府駅などで、職員約70人が嵐ファンの案内誘導や公共施設開放で「おもてなし」する。町は「復興に取り組む町を全国に発信する貴重な機会」と張り切っている。

（写真提供：利府町、利府観光協会）

図3-12　ボランティア清掃を紹介した地元紙「河北新報」の記事

運行され、利府発便を宮城交通が担当した。直前にグランディ21内のセキスイハイムスーパーアリーナ（約7,000人収容）で開催されたコンサートでは、バスの乗車券を当日販売したこともあって、バス乗車時に混乱したほか、自家用車での来場者も多かったため大渋滞が発生した。渋滞に巻き込まれ、一向に進まないバスを降りて歩き出すファンもいて、安全確保にも悩まされた。

　そうした経験から、「嵐」のコンサートは遠方からのファンが多いと判断し、乗車券をすべて事前販売とした。宮城交通の担当者は、それまでのクレームを挽回したいという思いで、動線や安全確保のため、コンサート期間中、バス乗り場のバリケードを日々調整するなど、安全輸送第一で取り組んだという。これもまた「対策」からのスタートであったといえる。

　しかし、受け入れ準備を進めるうちに、遠方から来るファンのた

めに、もっと何かできないかと考えるようになり、路線バスは条例上、行き先表示を勝手に変更できないが、コンサート主催会社の依頼による貸切輸送なら、バスの電光表示をオリジナル制作することができることに気づいた。そこで、宮城交通では、初の試みとして、コンサート用の電光表示を制作することになったのだという（表3-15）。

　こうしたオリジナルの電光表示を制作したのは若手社員たちだった。彼らは特に「嵐」ファンというわけではなかったため、「嵐」にちなんだワードを選ぶにあたって、インターネット検索が重要な情報源になったという。しかし電光表示は、LEDが規則正しく並んでいる画面に、点灯する部分と点灯しない部分を作り、文字や記号、模様を表現するもので、点灯させる場所が1か所ずれるだけでも、文字として読めなくなってしまう。そのため、コンサート用のオリジナル電光表示の制作にはかなりの時間と手間がかかったものであった。

　これらのメッセージには、「嵐」の楽曲や「嵐」が出演するテレビ番組のタイトルに加え、グループの人気がブレイクする以前の映画タイトルなどがアレンジされたほか、王冠と嵐の文字をアレンジしたロゴマークも表示されたことから、ファンの大反響を呼び、続々と写真付きでネットに紹介された[4]。特にグループの人気がブレイクする以前の映画タイトルが使われたことについて、長年の嵐ファンは「嵐の活動をよく知っているところをみると、嵐ファンの人が関わっているのではないか」と感じたという。

　図3-13および図3-14は、宮城交通が制作したコンサートのための電光表示写真である。筆者がコンサートの開催日にプロバイダーサイトのトップページを開くと、トレンド画像やツイッター情報などを席巻していたのが、この宮城交通の電光表示についての写真やコメントであった。会場までのバスの電光表示が「嵐ブラス

表3-15　宮城交通が制作した電光表示

1日目〜 3日目	前面		ARASHI BLAST シャトルバス 利府駅ゆき（図3-13-①）
	側面	往路	ARASHI BLAST in Miyagi 嵐会場まで あと少し ライブ満喫 しやがれ（図3-13-②）
		復路	ARASHI BLAST in Miyagi ライブ満喫 できた？仙台も 満喫 してね（図3-13-③）
4日目 （最終日）	前面		ARASHI BLAST in Miyagi FINAL シャトルバス 利府駅（図 3-14-④）
	側面	往路	ARASHI BLAST in Miyagi 嵐ブラスト 道のり HARD だけ ど HAPPY（図3-14-⑤）
		復路	ARASHI BLAST in Miyagi 宮城県に 来てくれて 感謝カンゲ キ 雨嵐嵐（図3-14-⑥）

出典：宮城交通株式会社提供の資料写真から筆者作成。嵐は、嵐のロゴマークを表わす

（写真提供：宮城交通株式会社）

図3-13　宮城交通が制作したコンサート1日目から3日目までの電光表示写真

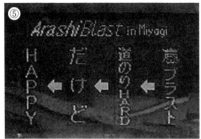

（写真提供：宮城交通株式会社）

図3-14　宮城交通が制作したコンサート最終日のための電光表示写真

ト」バージョンになっていたことは、ファンにとって、意外性が
あっただけでなく、「利府のおもてなし」を感じさせるものでも
あった。また前述したように「嵐」の活動を熟知した内容が盛り込
まれていたことで、ファンをさらに喜ばせたのだといえる。

　担当者は、ネット上の反響の大きさに驚き、コンサート３日目
の深夜に会社に戻り、最終日に向けたフレーズを改めて考案・制作
したという。そして最終日のための電光表示もまたネット上で盛ん
に紹介され、ファンを「カンゲキ」させたことがわかる。

　「開催結果」によると「嵐ブラスト」では、12,800人分の乗車券
が事前販売されており、売上は２億円を超える計算となる。今回の
ファンの反響の大きさから、「安全輸送＋アルファ」の「仕事の面
白さ」を実感することができたという。「また機会があったら、ファ
ンをもっと楽しませることができると思う」とも語っていた。

ⅲ ファンの反応

1）SNS でのコメントを対象とした分析

　利府町役場では、コンサート終了翌日の2015年9月23日時点で、「利府」と「おもてなし」という2つのキーワードでYahoo 検索した結果計89件を保存していた。これによると、9月9日の1件のほか、17日から23日まで、ほぼ数件程度だが、コンサート直前の17日（21件）と中日の21日（51件）に急増したことがわかる。（表3－16）

表3－16　SNS におけるコメント数

9月	9日	17日	18日	19日	20日	21日	22日	23日
検索数	1	21	2	2	3	51	4	5

出典：利府町提供資料から筆者作成

　コメントの内容は、①利府町役場や観光協会関係　②会場ボランティア　③迷惑をかける（た）のではないかという心配　④ファンとして迷惑をかけないようにという呼びかけ　⑤河北新報の9月17日記事について　⑥9月21日放送の「あさチャン！」について　⑦会場の不便さ　⑧ネガティブ情報に振り回されていた　⑨今後に生かしてほしい　⑩シャトルバスについて　⑪他のイベント対応との違い　となっていた（表3－17・なお一つのコメントに複数の内容が含まれているものがあるため、コメント総数89件よりコメント件数のほうが多くなっている）。

　利府町役場や観光協会関係73件、河北新報記事11件、「あさチャン！」8件となっているほかは、それぞれ数件以下である。これらのコメントの中には、リツイート（RT）されたものがあり、17日の河北新報記事を紹介したT氏のコメントは58RT、21日の利府町の対応に触れたS氏のコメントは342RT、利府町の対応への感謝を表明したM氏のコメントは60RT、「あさチャン！」の内容に触れたSH氏のコメントは308RT であった。

表3-17　SNSのコメント内容と件数

内容	件数	割合（%）
役場・観光協会関係	73	66.40
会場ボランティア	3	2.73
迷惑をかける（た）のではないか	2	1.82
ファンとして迷惑をかけない	5	4.50
河北新報　9月17日	11	10.00
あさチャン！　9月21日放送	8	7.27
会場の不便さ	4	3.64
ネガティブ情報	1	0.91
今後	1	0.91
シャトルバス	1	0.91
他のイベントとの違い	1	0.91
計	110	100.00

出典：利府町提供資料から筆者作成

　9月17日と21日にコメント数が急増したのは、それぞれ、マスメディアが影響していた。17日には、河北新報朝刊に9月16日に実施された町役場職員による町内のボランティアによる清掃の様子が写真入りで掲載された（p.86、図3-12参照）。さらに観光協会が実施する特設案内所での案内図配布や、駅からスタジアムに向かう途上にある町役場をトイレや休憩所として開放することなども紹介された。この記事を読んだファンが、内容だけでなく、オンライン記事のURLを掲載するなどしている。

　9月21日のコメント数激増の要因は、当日朝、TBS系列の「あさチャン！」で「嵐ブラスト」の情報が放送されたことによる。コンサートそのものよりも、ボランティア清掃、手荷物預かり、野宿対策としてのコンサート終了後の夜間見回りなど、地域の受け入れ対応紹介に重点が置かれており、これらを「おもてなし」と表現したコメントが多かった。

2）サンキューレターとメールの内容分析

2015年10月26日までに、利府町役場に届いたサンキューレターとメール計21通の内容を分析した。

実際にコンサートに参加した人は17人、参加していない人は4人、参加した人で参加前または当日に書いた人は4人、参加後に書いた人は13人であった（表3−18）。

表3−18　サンキューレター＆メールの送付状況

参加		不参加
参加前または当日	参加後	
4	13	4

出典：利府町提供資料から筆者作成

書かれた内容は、①満足　②役場・観光協会への謝意　③迷惑をかける（た）のではないか　④会場ボランティア　⑤震災復興　⑥交通　⑦ファンとして迷惑をかけない　⑧食　⑨事前の不安情報　⑩マナー違反　となっており、参加状況ごとに整理した（表3−19）。

コンサートへの参加・不参加に関わらず、共通していたのは、受け入れ準備をした町役場・観光協会への感謝、多くの人が押し寄せることによって迷惑をかける（た）のではないか、という心配、会場の案内ボランティアへの謝意、震災復興への気遣い、ファンとして地域に迷惑をかけないようにする意思表示、であった。不参加でも、前述したように、新聞やテレビ番組から、地域が受け入れのために準備したことについての情報を得ており、それに対する感謝を伝えるために手紙やメールを送っている。

コンサートを含めた仙台への旅行全般についての満足や、地元で食を楽しんだこと、交通がスムーズだったことへの言及は、参加後でしかできない内容である。事前の不安情報は、他のコンサート時にファンが感じた不便、渋滞の不満などをネットで見て不安だったが、実際に訪れたら、誘導などがスムーズでよかったと評価してい

表3-19　サンキューレター＆メールの内容

内容	参加後	参加前・当日	不参加	割合（％）
満足	11	―		13.8
役場・観光協会への感謝	9	9	6	30.0
迷惑をかける（た）	8	1	3	15.0
会場ボランティア	6	1	1	10.0
震災復興	5	2	2	11.2
交通	4	―		5.0
迷惑をかけない	3	2	1	7.5
食	3	―	―	3.7
事前の不安情報	2	―		2.5
マナー違反	1	―		1.3
計	52	15	13	100.0

出典：利府町提供資料から筆者作成

る。マナー違反は、ファンによる道路植栽の破損を目撃したのに、
注意できず申し訳ない、という謝意であった。

3）ファンと地域の相互作用

　ファンと受け入れ地域の関係を時系列で整理した（表3-20、表3-21）。

　利府町と利府観光協会の対応と、ファンの反応では、まず「嵐ブラスト」直前に「ひとめぼれスタジアム宮城」で開催された他のアーティストのコンサートについて、当該のアーティストのファンたちがネットにあげた渋滞や混雑のひどさを見聞きした嵐ファンが、不安要素を投稿していた。

　そんな中、9月16日に利府町でボランティア清掃が実施され、その翌日にも利府町と利府観光協会が考えた「おもてなし」策が準備されていった。この様子が同日、地元紙「河北新報」に記事として紹介され、それを読んだ嵐ファンが、新聞記事の内容や記事が掲

表3−20　利府町と利府町観光協会の対応とファンの反応

	利府町＆利府観光協会	マスメディア	ファン
コンサート前			渋滞、混雑の不安をSNSなどに投稿
9月16日	ボランティア清掃実施		
9月17日	手荷物預かり、道案内掲示、市役所を休憩所として開放 ⇒	「河北新報」が紹介 ⇒	SNSなどで記事のURLも拡散
	SNSを見てさらにモチベーションアップ	⇐	「掃除までしてくれた」高く評価
		⇐	「利府のおもてなし」として拡散
	5色の風船つき掲示発案		
9月19日		⇒	改札口の風船や音楽をSNSで紹介
9月21日		⇒ 「あさチャン！」が準備を紹介 ⇒	嵐ファンとして恥ずかしくない行動を！

出典：利府町、利府観光協会での聞き取りとファンのコメント分析から筆者作成

載されているURLをSNSに投稿した。そして、「清掃までしてくれた」「利府のおもてなし」というキーワードで、一気にネット上に拡散されていった。

　SNS上で、自分たちの受け入れ準備が評判になっていることを知って、利府町と利府観光協会のメンバーは、さらにモチベーションがアップし、利府駅に嵐のメンバーカラー5色の風船を飾った歓迎幕を掲示し、嵐の音楽を流すことを発案した。これはコンサート初日の9月19日に早速ファンがSNSにアップした。

　さらにコンサート中日の9月21日、「あさチャン！」で、利府町や利府観光協会が行ってきた準備や、それに対するファンの反応などが紹介されると、ファンの反応は、心のこもった準備をしてくれていることへの感謝だけでなく、1日5万人もの人が訪れるため、「地域に迷惑をかけないように」、「嵐ファンとして恥ずかしくない行動を」といったモラルやマナーについての呼びかけも盛んに

発信されるようになる。これは、単に地域に迷惑をかけないというだけでなく、マナーを守ることは「嵐」のためでもあるという、いわばファンの矜持を示したものともいえる。

　宮城交通の対応とファンの反応との関連では、担当者が行き先案内にファン向けのメッセージを上げ、ファンが写真をSNSにアップするなどの行動が起きた。このSNS上でのファンの反響を知り、さらに工夫をし、ファン側がSNS上で反応するという相互作用が起こっていた。

　コンサート初日から3日目まで、利府駅に着いたファンの多くは、宮城交通バスによる「嵐ブラスト」バージョンの電光表示について、SNS上で写真とともに驚きや喜びを投稿したが、宮城交通が担当した利府発のバスを利用していないファンもバスの電光表示写真などをSNSにアップし、「私も見た!」という感動の共有を表現していた。

　そしてコンサート最終日向けの電光表示を見たファンからは、最終日バージョンを制作してくれたことへの感謝や、電光表示に込められた「宮城県に来てくれてありがとう」という受け入れ地側の思いに対し「歓迎してくれてありがとう」「また宮城に来たいです」「震災復興を応援します」といった、さながらエールの交換のような投稿がネット上に出現した。

　利府町、利府観光協会、宮城交通の三者は、いずれも、それまでのイベントやコンサート時の渋滞や混乱についてのクレームを挽回したいという思いをもって取り組み始めた点が共通していた。

　利府町と利府観光協会のケースでは、新聞やテレビなどのマスメディアが、利府町と利府観光協会が行っている準備内容の紹介と利用を告知する点で重要な役割を果たし、ファンはそれらをもとに拡散・評価している。宮城交通のケースでは、SNSを通じて電光表示写真が掲載され、ネット上で評価が拡散した。コンサート会場に

表3-21　宮城交通の対応とファンの反応

	宮城交通		ファン
コンサート前	関係機関との調整		
9月19日	行き先案内　電光表示 往路　　　メッセージA	⇒	コンサート初日　写真をアップ
	復路　　　メッセージB	⇒	SNSに写真と感謝メッセージ
	反響の大きさに、最終日バージョンを制作	⇐	
9月23日	最終日バージョン　往路	⇒	写真をアップ
	最終日バージョン　復路	⇒	写真をアップ

出典：宮城交通での聞き取りとSNS上のファンコメントなどから筆者作成

　向かうファンにとって、宮城交通の電光表示は、目にしてすぐSNSに写真をアップするのに適していたのに対し、利府町が行ったボランティア清掃などは、マスメディアを通してしか知りえない裏方の情報であったことが影響したと考えられる。

　いずれの場合も、ファンがSNSを通じて、地域の受け入れ準備を高く評価したことは、受け入れ側も即日、確認しており、その評価によって準備のモチベーションがさらにアップするという、プラスのスパイラルを生み出した。インターネットならではの即時性による相互作用といえよう。つまり、インターネットを介した間接的なコミュニケーションが成立したことになる。

4）ファンが受け入れ地域に出会うとき

　アニメやゲームなどの作品の舞台となった地を訪れる「アニメ聖地巡礼」を対象とした研究において、アニメファンと地域住民との交流から新しい祭りやイベントが発生した事例が報告されている（谷村：2010、釜石：2011、岡本：2011a、五十嵐：2012など[5]）。

　第二章2.「ファン行動の実態」で述べた通り、ファン行動で最も重要視されるのは「会う」ことである。そして第三章1.「ファ

ン行動とファンツーリズム」で指摘したように、ファンツーリズムの旅行先での行動は、コンサート参戦やファン対象者に関わることが最優先される。すなわちファンツーリズムにおいてはファン対象としている「メンバーや本人に会う」ことが最重要である。コンサートやイベントに参加する目的は、自らが応援・愛好する対象者に「会う」ことであって、開催地を訪れることではないからだ。

　しかし「嵐ブラスト」では、ファンと受け入れ地域の間に、主にインターネットを介して間接的なコミュニケーションが成立しただけでなく、利府町に宛てたサンキューレターやメールによる直接的なコミュニケーションも発生した。つまりファンが開催地に関心を持ったのである。

　大規模コンサートの受け入れに当たって、利府町も宮城交通も、当初は「対策からスタート」した。イベントの度にクレームが発生しており、それを「なんとか、挽回したい」という思いもあった。河北新報記事を契機として、利府町や利府観光協会の対応は、手作り感満載の「利府のおもてなし」として、ファンによって、ネット上で拡散された。できる範囲で工夫したこと、頑張ったことがファンに評価され、それにより地域側のファンを迎える気持ちが強まった。JR利府駅出口に掲載された5色の風船で飾った歓迎幕や音楽は、自らも嵐ファンである商工観光班の女性職員が中心となって実施されたが、写真と共に嵐の曲がかかっていることをSNSにアップしたファンもいて、「ファンを喜ばせるツボ」であったことが分かる。宮城交通が制作した「嵐ブラスト」バージョンの電光表示も、若手社員が「安全輸送は当然だが、プラスアルファで、ファンを楽しませられないだろうか」という思いから生まれたもので、最終日バージョンは、電光表示にある通り、ファンの「カンゲキ」を呼び起こした。

　「嵐ブラスト」は、一度きりの「限定」されたコンサートであっ

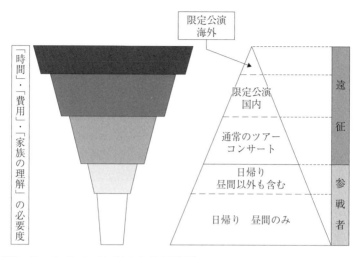

図3-15　ファンツーリズムにおける階層化

た。これは、階層化したファンツーリズムにおいて上位に位置することになる（図3-15）[6]。そのため、全国から多くのファンを利府町まで遠征させるだけの強い誘致力を持っていた。しかし利府町は、2008年以降[7]、5大ドームでのコンサートに参戦してきたファンたちにとって、町の規模も小さく、宿泊やアクセスなどの受け入れインフラに不安を感じさせる地域であったといえる。

　ところが、受け入れ地である利府町側の意識が「対策からおもてなし」へと変化し、手作りのおもてなしを一生懸命に準備する様子が、ファンの心に深く響いたのではないか。

　ファンと受け入れ地域の相互作用が発生した理由として、多くの遠征ファンを引き付ける「限定公演」という強い誘致力や、小さな町の受け入れへ向けた意識変化が大きく影響したと考えられる。この意味で利府町でのコンサートは「嵐」が毎年コンサートツアー会場としている5大ドームのうちの東京、名古屋、大阪、福岡と

は、大きく異なった環境・条件であった。

　ただし、5大ドームツアー開催地の中でも、札幌は他の4都市とは異なる性質をもつ。札幌は、道内からの参戦でも、出発地によっては飛行機移動となるほか、北東北エリアからの参戦であっても、札幌よりむしろ東京に出る方が交通の便はよい。このため札幌ドームへの集客は難しいと一般的にいわれており、5大ドームツアーを行うほかのアーティストにおいても、ほとんどは1日のみ、多くて2日間となっており、嵐は唯一3日間の開催をしている[8]。それは嵐のコンサートチケットがファンクラブ会員であっても数年に一度当選するかどうかという競争率の高いものであることから、交通の便がほかの会場と比べて決してよくない札幌は、いくらかでもチケット当選確率が高いと見込んで応募する遠距離参戦者によるものと考えられる。ファンによると、札幌は他の都市以上にあちこちに「嵐」をイメージさせるディスプレイが見られ、歓迎されていると感じるという。

　札幌より規模の小さな町での、限られた特別公演であった「嵐ブラスト」には全国各地からファンが集まっており、地域とファンの距離感が縮まったと考えられる。

　「嵐ブラスト」は、前述したシャトルバスの事前販売チケット売り上げ約2億円のほか、公式ツアーの売り上げ想定約1億5,000万円、駐車場利用約1,300万円、JR東北線の仙台＝多賀城＝利府間の利用推計額1,300万円、東北新幹線増便、仙台周辺の宿泊施設満室など、莫大な規模の経済活動を巻き起こした。

　小さな町が多くのファンを受け入れるために、自分たちにできる範囲で工夫した手作りの「おもてなし」を用意した。ファンはその小さな町に「迷惑をかけないように」という心持ちで全国から参集し、「おもてなし」を受けとめながら、「一度きりのコンサート」を満喫した。経済効果以上に注目すべきは、この過程でファンと地域

の濃密な出会いがインターネットを介して顕在化したことである。

　さらなる研究が必要ではあるが、遠距離参加のファンが多い、受け入れ地がほどよい規模の地域である、受け入れ策に「おもてなし」の心が感じられるなどの条件がそろったとき、ファンと受け入れ地域の間に相互作用が発生するといえるのかもしれない。

注
1）河北新報（2015年9月2日）、朝日新聞（2015年9月18日）、日本経済新聞（2015年9月19日）などに掲載された。宮城県担当課への電話聞き取りによると、経済効果計93億円という数値は、総務省の経済波及効果の計算式によるもので、宮城近県からの来訪を想定した試算とのことである。実際は全国各地からファンが訪れており、経済波及効果は試算を上回ったと考えられる。
2）公益財団法人宮城県スポーツ振興財団（2015）『大規模（スタジアム）コンサートに係る開催結果について』（平成27年11月27日付）
3）利府町ホームページ：
http://www.town.rifu.miyagi.jp/www/toppage/ 0000000000000/APM03000.html
4）「嵐」のロゴマークは、嵐という漢字をデザイン化したもので、「山」が王冠、つくりの中の部分が顔になっている。デビュー10周年記念コンサートのグッズから使われるようになり、それ以降に発売されたCDやDVDのジャケットに使われている。さらにその後のコンサートでは、ハワイ開催はハワイらしく、頭にハイビスカスをつけるなどのアレンジをされながら使用され、嵐を象徴するマークとなっている。
　　図3-13-②にある「ライブ満喫しやがれ」は、嵐がMCを務めるテレビ番組「嵐にしやがれ」にちなむもの。「嵐にしやがれ」は、2010年4月から日曜日のプライムタイムに放送されている。同じ放送局で、2001年10月から始まった深夜番組「真夜中の嵐」は、嵐にとって初めての単独レギュラーの番組であった。この番組に続き同時間帯で2002年7月に始まった「Cの嵐！」以降、「Dの嵐！」「Gの嵐！」「嵐の宿題くん」という一連の深夜番組シリーズが嵐の人気を受け、プライムタイムに移動した後継番組が「嵐にしやがれ」である。こうした背景により、黎明期から応援してきたファンにとっては、単に現在放映されている番組タイトルのアレンジと

いう以上に心に響くものとなったと考えられる。

　図3-14-⑤にある「道のり HARD だけど HAPPY」は、嵐が 5 人で主演した映画「ピカ☆ンチ LIFE IS HARD だけど HAPPY」にちなむもの。当該映画は、2002年に公開されたもので、ジェイ・ストーム配給映画第 1 作となり、東京・グローブ座で10月18日〜11月17日、東京お台場シアターモールで12月12日〜翌年 1 月 7 日、大阪フェスティバルホールで12月24日〜翌年 1 月 6 日の期間、限定で公開された。続編は2004年 3 月 1 日に東京グローブ座で単館上映されたのみであり、いずれも嵐の人気がブレイクする以前の作品であるといえる。第 3 弾の作品はブレイク後の2014年に公開され、当初は TOKYO DOME CITY HALL でやはり単館上映であったが約25万席が 2 日間で完売したことなどから、Zepp 札幌（北海道・ 5 日間）、名古屋国際会議場センチュリーホール（愛知・ 2 日間）、シアターBRAVA!（大阪・15日間）、都久志会館ホール（福岡・ 6 日間）で追加公開されることになった。嵐の人気がブレイクすることにより、第 3 弾では上映機会が広がったとはいえ、一般のスクリーン上映されない、コアなファンこそ知る作品である。

　図3-14-⑥にある「感謝カンゲキ雨嵐」は、2000年11月に発売された嵐の第 4 弾シングル CD のタイトルである。翌年の「嵐 SPRING CONCERT 2001 "嵐が春の嵐を呼ぶ CONCERT"」以降、ほとんどのコンサートでも歌われる。特に2009年に開催された10周年の「ARASHI Anniversary Tour 5×10」、2018年から開催された20周年の「ARASHI Anniversary Tour 5×20」の 1 曲目で歌われたように、感謝を伝える時に使われる楽曲である。成句の「感謝感激雨あられ」ではなく、「カンゲキ」をカタカナ表記することで、当該楽曲をイメージさせる言葉使いがファンの間では日常的となっている。

5 ）谷村要（2010）「コミュニティ」としての「アニメ聖地」―豊郷町の事例から―、大手前大学論集、第11号、pp.139-150. 釜石直裕（2011）アニメ聖地巡礼型まちづくりにおけるイベントの役割に関する研究 : 滋賀県犬神郡豊郷町における「けいおんがく！ライブ」を事例として、コンテンツツーリズム研究、004、pp.1-10. 岡本健（2011a）コンテンツツーリズムにおけるホスピタリティマネジメント：土師祭「らき☆すた神輿」を事例として、HOSPITALITY、18、pp.165-174. 五十嵐大悟（2012）足利ひめたまからみる萌えおこし：地域発信型萌えおこしの分析、コンテンツツーリズム論叢、2、pp.6-22. など

6 ）臺純子・幸田麻里子・崔錦珍（2018）ファンツーリズムの基本的構造―アイドルファンへの聞き取り調査から―『立教大学観光学部紀要』第20号、

pp.123-131.

7）嵐は、2007年までのツアーはアリーナ公演となっており、同年に初めて東京ドームで追加凱旋公演を行った。2008年以降のツアーは、ドームツアーとして5大ドーム（札幌、東京、名古屋、大阪、福岡）で開催されていることから、ここでは2008年と記述するものとする。

8）2019年に札幌ドームでコンサートを開催したアーティストは9組である。そのうち1日のみの開催が7組（星野源、Mr.Children、三代目J SOUL BROTHERS、関ジャニ∞、DREAMS COME TRUE、GENERATIONS、東方神起）、2日間が1組（サザンオールスターズ）であり、嵐のみが5月と11月に3日間ずつ、年間で計6日間開催している。前年2018年は4組で、1日のみが3組（関ジャニ∞、B'z、EXILE）、2日間が1組（安室奈美恵）、嵐は3日間であった。

第四章　ファンツーリズムと国際観光

―ファンが超えてきたこと、ファンだからできること―

1. 観光と異文化理解

　観光は、経済的効果のみならず、「民間外交」「平和へのパスポート」などといわれ、社会文化的な効果ももつ。本節では、観光と異文化理解についてのとらえ方を概観した上で、特に日本と韓国の関係を中心に、対象国・地域への関心と観光について考察する。

（1）観光に期待される効果

　観光の効果について、観光学研究者の記述を見ると、表4-1の通りである。

　これらのいずれからも、観光のもたらす経済的効果のみならず、社会・文化的効果などといわれる非経済的効果が指摘されている。観光の社会・文化的効果は、1970年代までは、観光による国際親善、平和促進などへの期待のように、観光による異文化接触、交流などを通して相互理解が深まることなどが指摘されていた。1970年代以降は、地域住民の生活や地域の文化などへの観光への影響という視点での記述が見られるようになる。1970年代までは、観光主体が観光に参加することで得る、知識、理解など、さらにはホスト側の文化を知ることによるプラスの影響を効果とし、観光者の増大という意味での観光拡大を期待したのに対し、近年では観光客体側あるいは相互作用に着目し、ホスト側に現れるマイナスの影響を指摘し、マイナスの影響を与えないような観光の形態、ホスト文化の保全などに主眼が置かれるようになっている。さらに、1990年代以降は、観光の環境への影響についても指摘されている。

　こうした観光の効果に関する指摘の内容の変化は、観光行動が地域に大きなインパクトを与えるようになった結果として、認識され

表4-1 観光研究者による観光の効果に関する記述

研究者	経済的効果	社会・文化的効果	環境的な影響
Norval（1936）[1]	○	社会学的意義 政治的意義	
新井（1949）[2]	○	国際親善の増進 国際文化の交流	
田中（1950）[3]	○	社会的効果 ・職業生活の安定 ・国際親善の増進 ・文化水準の向上 ・厚生保健の増進	
前田（1974）[4]	○	文化的教育的効果 レクリエーション効果 国際親善効果	
香川（1978）[5]	○	文化的効果 ・直接体験の影響 ・文化の伝達媒介	
Mathieson 他（1982）[6]	○	Physical impacts Social impacts	
住田（1988）[7]	○	植民の相互理解と友好親善関係が増進され、世界平和の樹実に貢献する意義 教育的、文化的意義 保健上の意義	
Davidson（1993）[8]	○		○
塩田他（1994）[9]	○	社会的効果 文化的効果	○
Lickorish 他（1997）[10]	○	Social and cultural aspects of tourism	○
Archer 他（1998）[11]	○	Socio-cultural effects	○
鈴木（2000）[12]	○	社会文化的側面 ・平和創出効果 ・国際理解、協調、協力効果	○

参考文献をもとに著者作成

るようになったことを反映している。観光行動が地域に大きな影響を及ぼすようになった主な要因は、①観光者数の増加、②観光者の行き先の拡散、③旅行形態における個人旅行の増加の3点であると考えられる。

1）観光者数の増加

「近代観光の父」といわれるトマス・クック（Thomas Cook）は、1841年に世界で初めて、「自分で手配しない、しかも通常価格より安い旅行」を実施した。これ以降、旅行あっせん業、旅行業の登場と発展は、一般の人々の観光への参加を容易にした。さらに、可処分所得の増加、余暇時間の拡大、余暇に対する意識の変化、日常の生活環境の悪化などの要因も複合的に関係し、誰もが気軽に旅行ができる時代、すなわちマスツーリズムの時代を迎えた。

　日本においては、こうした条件が整った1960年代以降にこの傾向が顕著となった[13]。日本では地理的条件もあり、歴史的に国内旅行が中心であったが、海外観光渡航が自由化された1964年には、約4万6,000人が海外旅行を実施した[14]。自由化されたとはいえ、当時はさまざまな制限が設けられており[15]、また旅行費用も非常に高額であった[16]。海外旅行の自由化を見越して1961年から始められた旅行積立預金の加入者は、約4万人にのぼったが、実際に海外旅行に行ったのは、預金者の2割以下といわれる。しかし、1973年の変動相場制への移行、1985年のプラザ合意による急激な円高などの経済的要因に、さらに「テンミリオン計画」などの政策的要因の後押しを受け、1990年に年間1,000万人を超えた後も日本人の海外旅行者数は増え続け、2018年には1,895万人を超えている。

2）観光者の行き先地の拡散

日本で海外旅行が自由化された1964年以降、初期の段階におい

ては、多くの制限があったことにより、純粋に観光旅行に出かける人は少なく、海外の友人・知人訪問などが実際の目的である場合も多かった。

　観光旅行が比較的一般的になってきた1970年代後半と2014年の海外旅行先を見ると、そこには大きな変化が認められる。多くの観光者数が訪れる地域であるアジア、北米への観光者数は、1979年にはそれぞれ全体の54.1%、34.2%であったが、2014年にはそれぞれ55.8%、17.6%となった。北米については割合の大幅な減少が認められ、アジアについては微増である。ただし、アジアについてはその内容に大きな変化が認められる。アジア圏内において1979年には、韓国、台湾、香港、タイ、フィリピン、マレーシアという6か国で、アジアへの旅行者全体の94.9%を占めており、これは全旅行先の51.4%となっていた。2014年には、この6か国への旅行者数はアジアへの旅行者の54.1%、全旅行先の30.2%と大幅に減少した。つまり、アジアを訪れる旅行者の増加は、アジア圏内のその他の地域に拡散によるものであり、1979年にはほとんど訪れていなかった地域を多く訪れているとみることができる。また、アフリカ、南米地域を訪れた観光者数は、1979年にはそれぞれ全体の0.1%、0.2%であったのに対し、2014年には0.6%、1.4%と増加している。

　こうした変化から、日本人観光者が一部の人気観光地から、世界各地のさまざまな観光地へと拡散していった様子がうかがわれる。

3）個人旅行の増加

　1964年に大型の団体包括旅行に適用されるバルクIT運賃が導入され、団体旅行による経済的距離が短縮された。また1970年代のジャンボジェット機の登場により、多くの旅行商品が企画、販売され、日本人の海外旅行が身近になったが、これらの旅行は依然とし

て団体旅行が中心であった。その後、1994年に個人包括運賃、幅
運賃制度、特別回遊運賃などが導入されると、経済面での障壁が低
くなり、またこうした格安航空券を中心に扱う企業が登場した。こ
れにより、若者やリピーターを中心とした需要が顕在化する形で、
個人旅行が増加してきた。2019年に実施された海外観光旅行の旅
行商品に関する調査[17]では、「航空券やホテルを別々に予約、購入」
する人が最も多く（36.2%）、次いで「送迎なしのスケルトンツアー」
（17.9%）、「送迎ありのスケルトンツアー」（15.8%）、「航空券のみ予
約・購入」（10.0%）、「現地ガイド付きツアー」（9.2%）となってお
り、かつて一般的に見られた「添乗員付きツアー」は最も少なかっ
た（7.4%）。

　このように、「多くの人が、広い地域に、個人的に観光を行うこ
とになった」ことは、「限られた人が、限られた地域に訪問し、地
域の文化を垣間見ていた」時代に比べ、観光者とホストとの接触機
会が増え、観光者はより広範囲の、また相対的に深層的な訪問地の
文化と接する機会が必然的に増加する。訪問地の文化との接触が限
定されている場合は、摩擦も生じにくいが、その増加に伴い、さま
ざまな摩擦が増加する。その結果として、地域の文化、環境などへ
の影響が顕在化し、指摘されるようになったものといえる。

（2）観光の効果として期待されてきたもの

　本節では、観光の効果として述べられたものから、観光に伴う異
文化接触による異文化理解、国際親善などに関する具体的な記述を
みることを通し、観光の国際親善効果に期待されているものについ
て整理する。

1）日本の観光政策において期待されている観光の社会・文化的効果

1963年6月に定められた観光基本法の前文では、「観光は、国際親善の増進のみならず、国際収支の改善、国民生活の緊張の緩和等国民経済の発展と国民生活の安定向上に寄与するものである。」と述べられている。また、1967年の国際観光年のための決議において、観光は「すべての人々及びすべての政府の賞賛と奨励に価する基本的かつ最も望ましい人間活動」であり、国際観光の側面では「重要な貿易外収入として発展途上の国々の経済成長の上にきわめて重要な貢献」をなすとともに、「世界各国の人々の相互理解を増進し、種々の文明の豊かな遺産に対する知識を豊かにし、また異なる文明の固有の価値をより正しく感得させることによって世界平和の達成に貢献する」ものであるとされている。

1967年の『観光白書』[18]では、「世界的には、国際観光往来が著しく増大し、国際観光の国際平和に果たす役割と世界経済に占める重要性が増しているとともに、国内的には、来訪外客の増加、国民観光旅行の隆盛にみられるように、国際経済の発展、国民生活の安定向上に果たす役割が増大している」と述べられている。経済的効果に加え、観光に伴って生じると期待される、社会・文化的効果を観光政策の根拠としている。

1995年6月の観光政策審議会による「今後の観光政策の基本的な方向について（答申第39号）」では、観光を考える基本的視点7つのうちの一つで、国際観光について述べている。その中で国際観光は、メディアなどによる断片的情報でなく、「実際の人間像と生活をよりよく理解できる機会を提供する」ものであり、「バランスのとれた国際観光を育てる絶好の機会である」と位置付けられている。また、「国際理解が十分得られない傾向もあることから、訪日外国人を飛躍的に増大させ、素顔の日本と日本人を見聞してもらうことはぜひ必要である」と述べられている。

日本人の海外旅行は、実際に他国の人々や習慣などを理解する場であり、また他国の経済に寄与するものであり、外国人の日本旅行は、日本を理解してもらう機会ととらえ、国際交流を拡大する施策の充実が重要であるとしている。

2）観光研究にみる観光に期待される社会・文化的効果

　観光学の先駆的研究者の一人であるNorval（1936）[19]は、「観光往来ほど、各国民を悩ます恐怖心や憎悪の念を解消せしめるのにより有力な勢力はない」といっている。ただし、「ツーリストはその往訪国に到着後、彼ら自身でその国土・住民・社会・政治・文化的生活、その芸術と産業に関する印象を取得するに任され」、「そうした印象が誤認、皮相的であることの不断の危険」があり、またガイドをつけることで解消も可能であるが、ガイド自身の能力にも問題があることも指摘している。さらに、「ツーリストは他の国内に滞在中、外人としてではなしに、当該国の賓客として見做し、まさに賓客としてそこに迎えられたと感ぜしめるだけの取り扱いをしなければならない」といい、"民間外交"の大使としての扱いを尊重している。さらに、「外人ツーリストを自国の国民的生活の中に入り込ませるために要する経費は比較的僅少の額ですむ。…グッドウィルは個人的営業事業たると国家的営利事業たるとを問わず、その最も高価な資産である。故に結局如何ほど多額の宣伝費を投じても、それは諸外国との親善関係を確立することによって得られる国際親善効果を前提に、国家政策として観光を促進し、それが国益につながると述べている。

　同じく初期の観光学者であるGlücksmann（1935）[20]は、「観光事業はある程度まで、諸国民が互いに結合しまた理解し合う手段となる」と観光の効果を述べながらも、「もちろんある程度までである」と限界を強調している。それは、旅行することができる人が「一国

の人々の全体からみれば極めて少数である」ことと、「行き先の国の個人を知ることはできるが、全体として国民を知ることは不可能」であり、接触した一対一の個人としては知ることができても、ある国・地域全体をお互いに知ることができないためである。また、「観光客の滞在期間は概ね極めて短いので、行き先の国の国民性を把握するに十分でないし、また観光者自身も、自国の国民性を代表するものとは限らない」ため、「観光客が外国の国民性について知るところのものは、皮相的な事柄であり、かかる事柄はややもすれば歪められた印象を与えるので、ここに先入観を生ずる」とし、ここで得られた印象が「後からの判断によって改められることは稀」であって、さらにこの事後の判断は観光によってではなく、移住や定住によってできるものであるといっている。

　日本における観光研究の先達である田中（1950）[21]は、「無知からくるところの誤解、偏見、疑惑、恐怖の念を払拭することが特に必要」であり、「観光往来の促進はこの点において各国民が自由に相互に交通することにより相手国の国民を理解し敬愛する契機を作ることとなるものである」と、観光による異文化交流が異文化理解につながると述べている。

　観光に期待される効果は、第一次世界大戦、第二次世界大戦を経て、さらに戦後という情勢において、観光によって諸国民が交流する機会を持つことで、国同士の関係をよくする、国益としての平和促進効果が中心にとらえられるようになった。

　香川（1978）[22]は観光を、地方と地方、国と国との間の文化の伝達に寄与することができるものであり、国と国との場合には、国際観光往来によってもたらされる総称としての国際親善効果をもつと考えられるといい、「国際間の相互理解については"民間外交"としての観光の役割」への期待が大きいという。ただし、観光が「国際理解にもつながるものであることは疑うべくもない」と述べた上

で、「観光は平和へのパスポート」が文字通り実現されるために
は、観光の意味に対する正しい理解が不可欠であると指摘してい
る。

1988年10月、カナダのバンクーバーで、観光に関する初めての
地球規模の会議が開かれた。この会議の目的は、世界の観光産業の
異なる領域が観光を通して、平和という目標に役立ち、貢献する、
新しい主導権を探し、論じ、提案することである。観光は正しく計
画され、開発されると、人権、肌の色、宗教、社会経済的発展段階
の異なる人々を分ける、心理的、文化的距離の乖離の橋渡しとなり
得るものであり、観光を通して、われわれは世界の豊かな人、文化
的な人、生態学的違いの真価を認め、地球上のすべての人を信頼し
尊敬するようになるといわれている[23]。

これらの指摘に共通してみられるのは、観光を通して、広義にお
いての文化の異なる人々が直接接することで、お互いを知り、また
理解を深めることで、世界の平和につながるということである。

3）観光研究にみる"異文化理解"

観光では、観光者が移動することによって、観光者自身の文化と
目的地との文化の接触が生じる。観光の効果に関する記述において
は、異なる文化との接触によって、相互理解、さらにはそれによる
国際平和が期待されている。

しかしながら、移動を伴う観光が異なる文化背景を持つ人間同士
の接触機会となることは事実であるが、観光による接触がどの程度
「お互いを知る」ことにつながるかは明らかではない。またその接
触が「理解を深める」ことにつながるものであるかについては、さ
らにあいまいなままである。すなわち、観光が異文化理解の場とな
るものであり、さらには世界平和へつながるという期待は大きく、
多くの場面で述べられているが、実際には"語り"の段階にほかな

らず、観光が異文化理解の場となり、世界平和に貢献するかどうかについては明らかにされていない。

　観光に伴う異文化接触による国際親善効果については、広く認められ、期待され、"語られる"一方で、それをあくまでも"夢"としてとらえ、批判する研究がある。それらにおいては、「観光者とホストの関係において、真の理解はめったに起きない」[24]、「観光者とホストの間には常になんらかの軋轢が生じる」[25]と結論づけられている。

　Hassan[26]による研究では、シンガポールを訪れた日本人観光者を対象とした観察調査およびヒアリング調査を実施し、「組織化されたマスツーリズムは、異文化コミュニケーションや異文化関係を促進させることにはつながらず、対象国のステレオタイプをおそらく強める」と結論づけている。それは、観光者が接する地元住民は、観光関連産業従事者であり、ほとんどすべての接触が機能的なものであり、非常に制度化されたものであるためである。また観光者自身の言葉をとりあげ、もっと地元住民について知りたいという願望をもっているが、接する対象が限定されていること、言語の障壁、旅行期間が短いことなどにより、それが叶わないと述べていたことから、このように結論づけたものと考えられる。

　観光は移民、在外勤務、留学などの他の異文化接触機会に比較して、短期間であり、接する対象も限定される傾向にあることから、異文化理解につながるものではないとする指摘がある。しかしながら異文化理解とは、自文化以外の文化の存在を知り、尊重して共存し、対応することで、この意味において観光はその可能性を十分に含むものと考えられる。

　観光という直接的な異文化接触は、日常生活圏とは異なるものと出会う機会となりうるものであり、それは"異なる文化"の存在を知る機会となる。また、日常生活圏で見聞したことがないものに限

定されず、見聞する機会のあるものについても、日常生活圏で得ることのできる情報による知識や、それから形成された態度・イメージが、直接的な異文化接触によるより多くの情報によって、より実際に近い知識を得たり、態度・イメージが変化することがある。これは同じく"異なる文化"を「知る」機会であり、異文化理解につながるものであるといえよう。

（3）韓国への関心と訪韓日本人

1）日本における"韓国ブーム"と訪韓旅行者

　ここでは、日本と最も身近な隣国である大韓民国（以下、韓国）への観光旅行の状況から、日本人の韓国への関心の高まりと、訪問者数の増加という日本における"韓国ブーム"について考察する。

　日本における"韓国ブーム"は、戦後から現在まで1970年代後半、1980年代、1990年代後半の３度起きたと見ることができ、2000年前後にアジアで起き、日本でも見られた第一次「韓流」ブームを第四次ブームということができる。

①投資ブーム

　第一次ブームは、韓国への日本企業の進出による"投資ブーム"である。1973年の変動相場制の導入により、大幅な円高になったことを背景に、日本の対外投資は進んだ。対韓直接投資についても同様で、1973年から、オリンピック目当てのホテルなどを中心としたサービス投資が行われた1980年代後半にかけて増加した。こうした対韓直接投資は、1990年代にはいると、①韓国の生産性を上回る労働賃金の上昇、②ウォン高による投資コストの増加、③経済成長が成熟期を迎えたこと、④経済成長に伴い資本の流出超過国になったことなどを原因として、低迷する[27)]。

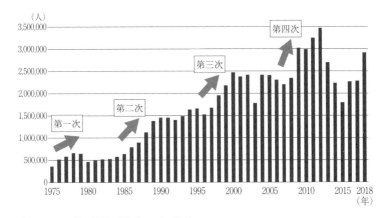

資料：出入国管理統計（韓国）を元に作成

図4－1　訪韓日本人旅行者数の推移と韓国ブーム

　1970年代から1980年代にかけての軍事政権下で、韓国を訪れた日本人は、韓国への投資、企業進出に伴うビジネス旅行が中心で、その担い手は中年男性であった。他のアジアへの投資同様、製造業を中心とした、単純な輸出加工基地として位置付けられた投資対象地として有益な場所のひとつとしてみなされていたに過ぎない。したがって、韓国の文化、生活などに対する関心は低かったと考えられる。また、このビジネス旅行では、"キーセン観光"[28]を伴うこともあった。

　②オリンピックブーム

　第二次ブームは、ソウルオリンピックが開催された1988年前後に起きた"オリンピックブーム"である。1984年にはNHKで「アンニョンハシムニカ？ハングル講座」の放送が開始され、また観光を目的として韓国を訪れる人が増加した。"韓国という国に対する関心"の初めての高まりとみることができる。ただし、韓国語を学

ぶ人は「なぜ?」と理由を求められたというエピソード[29]が示すように、韓国や韓国文化、韓国語に高い関心を示す人は稀な存在であったといえる。

韓国を観光目的で訪れる日本人数は、1980年代前半には30万人台後半から40万人台で横ばい状態であったが、ソウルオリンピックが開催された1988年に向けて漸増し、年間100万人に達した。しかし、依然としてビジネス旅行の担い手である中年男性、スポーツや新しいものへ関心をもった若者男性がその中心であり、訪韓観光者のほとんどは男性に占められており、全海外旅行者数に比しても韓国は"男性が訪れる国"であった。

③グルメ・エステブーム

第三次ブームは、1990年代後半からの韓国料理・エステブームである。それまで韓国料理というと一般にキムチ、焼肉などが中心であったが、日本国内においても"韓国料理ブーム"が起こり、2001年には"タッカルビ(鶏カルビ)"が紹介され、専門店が開店した。また、日本在住の韓国人が利用していた"あかすり"や"汗蒸幕(サウナ)"などの韓国式エステが日本人女性にも利用され、日本人向け店舗が開設され始めた。

韓国は地理的経済的条件から、「安・近・短」な海外旅行志向の行き先の一つとして注目され、1990年代以降、100万人台前半で推移していた日本人観光者数は、1998年から急激に増加し、1999年に年間200万人を超えた。

特に、この時期の旅行者数に占める女性の割合の伸びはめざましい。1980年の全海外旅行者数に占める女性の割合は29.5%であるのに対し、訪韓旅行者では6.6%に過ぎず、どの年代においても訪韓旅行者では女性の占める割合が非常に低かった。1990年には全旅行者に占める女性の割合は、38.8%となり、20代では5割を超

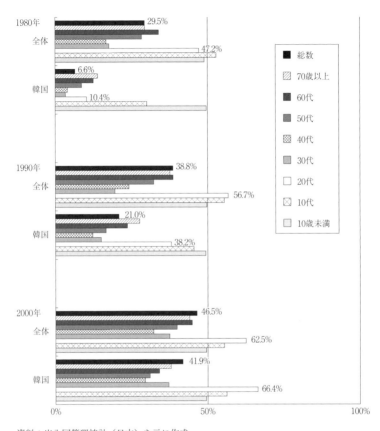

資料：出入国管理統計（日本）を元に作成

図4−2　全海外旅行者・訪韓旅行者に占める女性の割合

えた。しかし、訪韓旅行者における女性の占める割合は、全体と比
べて依然としてどの年代においても低かった。しかし、2000年に
は20代で、訪韓旅行者に占める女性の割合が全旅行者に比べて多
くなり、訪韓旅行者全体でも41.9％が女性となった（図4−2）。

　10−30代の若い世代に限定すれば、90年代後半から韓国は〝男

性が訪れる国”ではなくなったとみることができる。ただし、若い世代が引き上げた女性比率も、40－60代の中年女性では比較的低いままであった。

④第一次「韓流」ブーム

第四次ブームは、アジアにおける「韓流」ブームで、日本では「冬ソナ現象」として現れた。

アジアにおける「韓流」ブームは、1999年頃から香港の国際衛星放送で放映された韓国のテレビドラマとポップス音楽が、香港のみならず中国本国、台湾、シンガポールなどの中華圏で流行した現象である。

日本では、1999年に韓国で公開された映画「シュリ」が2000年に日本で公開され、120万人という記録的な動員をしたのに続き、「JSA」「猟奇的な彼女」などの韓国映画への関心の高まりが始まりである。

一方、1998年からの韓国における日本の大衆文化開放に伴い、それまでの韓国から日本へという一方通行のみが可能であったエンターテインメントビジネスの流れが、双方の交流が可能になった。これに伴い、放送局、新聞社、レコード会社、芸能プロダクションなどのエンターテインメントビジネス面で企業提携が進み、日韓合作ドラマの製作や地上波での韓国ドラマ放映が2002年から行われるようになった。

2003年4月、NHK衛星第二放送で韓国ドラマ「冬のソナタ」が放映された。このドラマは、従来の衛星放送で放映されていた海外ドラマにはない反響を受け、同年12月には異例の再放送が行われ、さらに2004年2月には4月からの地上波での再々放送が決定された。限られた視聴層のみを対象とした衛星放送から一般の地上波での放送で、その人気はさらに高まり、日本での「韓流」ブーム

【左：主人公の思い出の場所となった並木　　右：劇中シーンを背景に記念撮影をする観光客】

（著者撮影）

図4-3　南怡島（ナミソム）の撮影地の様子

【左：主人公の家として看板を掲げ、公開された家　　右：主人公の部屋として公開された部屋】

（著者撮影）

図4-4　春川（チュンチョン）市内の撮影地の様子

を決定的にした。「冬のソナタ」をきっかけとしたこうした日本での「韓流」ブームは「冬ソナ現象」と呼ばれ、その他の韓国ドラマ、韓国人俳優、韓国語学習などへの関心が高まった。

　2000年の映画「シュリ」の撮影現場となった済州（チェジュ）島にあるホテルを日本人観光者が訪れるなど、1990年代後半からの日本における「韓流」ブームは、観光とのかかわりが深い。ドラマ

「冬のソナタ」の撮影現場にいたっては、限られた人の間の静かなブームであった2003年にすでに旅行社による撮影現場訪問ツアーが数本実施されていたが、2004年の地上波放送以降の大ブームによって、「冬ソナツアー」を各社が企画し、多くの女性、特にブームの担い手といわれる中年女性が韓国を訪れた。

　これらのツアーでは、「冬のソナタ」の撮影舞台となった江原（カンウォン）道春川（チュンチョン）市が目的地となった。撮影舞台となったチュンチョン市郊外にある南怡島（ナミソム）は、韓国では郊外の、自然を楽しむ景勝地として知られていたが、「冬のソナタ」の舞台となることで、日本人が訪れるようになった（図4−3、図4−4）。

　また、市内の撮影地は観光客を迎えられるように公開され、劇中の場面を体感できるように受け入れていた。この小さな家にピーク時には、中年女性を中心に、一日に600人以上が訪れた。

２）訪韓ブームと韓国への関心の高まり

　韓国でのビジネス、イベント、韓国の生活文化、エンターテインメントへの関心の高まりと共に、韓国を訪れる日本人観光者は推移してきた。

　ビジネスが関心の中心であった、第一次ブームでは、韓国への関心は低く、投資または“楽しみ”の場であったに過ぎない。第二次ブームでは、オリンピックというイベントをきっかけに、初めて韓国への関心が高まったが、男性がほとんどを占める限定されたものであった。第三次ブームでは、食事とサウナなどの韓国の習慣に関心が高まったが、現地の人と相互交流を図る、理解するなどの姿勢はみられず、また初めて女性がその担い手となったものの、年齢層は限定された。第四次の第一次「韓流」ブームでは、主演俳優など人物への関心の高まりから、語学学習や習慣など、韓国全般への関

心が高まり、対象となった撮影地を訪れるだけでなく、現地の人と交流を図る人が見受けられるようになった。また、これまで韓国に最も遠かった中高年女性に韓国を近い存在とした。

　「韓流」ブームは、韓国外で自然発生したものではなく、意図されたものである。ドラマ「冬のソナタ」を含む「四季シリーズ」のドラマは、中華圏での「韓流」ブームを考慮して作られたものであるという。エンターテインメントの制作面のみならず、国の文化政策においても1980年代中盤から韓国は輸出を念頭に入れ、エンターテインメント分野の育成を図ってきた。1984年に国立の映画学校が設立され、スクリーンクォーター制度の導入など、1980年代前半から国内映画産業の保護と育成を行ってきたが、1997年のアジア経済危機以降、映画などのエンターテインメント分野でも財閥解体と資本投下を行い、さらなる人材育成と産業のレベルアップを図った。また、対日文化政策においても、近代史以降の歴史認識等に対する"抗議"が理由の一つであった日本大衆文化禁止政策から、1998年以降、開放政策への転換を行った。日本大衆文化開放政策の審査分析の結果では、「日本国内の韓国文化に対するイメージ向上で、韓国の文化商品の本格的な日本進出のきっかけになったと評価される」と分析され、日本大衆文化開放政策が単に日本文化の流入のみならず、韓国文化の進出につながっている。これは、エンターテインメント分野において双方向のビジネスが可能になった結果、交流が盛んになったものである。

　こうした政策の転換は、規制することで"抗議"を表すことから、交流を通してともに理解、解決しようとするものであり、これまで距離を持っていた日本人が韓国へ関心を抱き、訪れるようになった「韓流」ブームは、まさにその意図を実現したものである。

　日本と韓国は、長い間「近くて遠い国」といわれ、最も近い隣国でありながら、近代史以降の歴史認識や文化理解の点で大きく無理

	男性		女性		韓国文化への関心
	若年層	中高年層	若年層	中高年層	
投資					×
オリンピック					△
グルメ・エステ					○
第一次「韓流」					◎

図4−5 訪韓ブームとその担い手、韓国文化への関心

解、誤解を重ねてきた。また、観光においても、これらの問題に伴う“重いイメージ”やかつての“男性の訪れる国”のイメージから限られた層の往来のみであった。しかし2004年、「韓流」ブームをきっかけに、これまで韓国から最も遠かったセグメントにおいても、韓国への関心の高まりと交流の増加、異なる文化の存在を知り、共存する“異文化理解”の第一歩が起きたといえよう（図4−5）。

　しかし、これまでの“重いイメージ”の背景にあった歴史認識や文化理解の問題は解決したのではない。日本での「韓流」ブームを決定的にしたドラマ「冬のソナタ」を含む、「四季シリーズ」と呼ばれる一連のドラマは、前述の通り、中華圏での放映を当初から意図し、ハングルなど韓国独特のものを避けて制作された。これにより、美しい景色と純愛を強調し、“従来の韓国のイメージ”を感じさせないことに成功したと同時に、美しさに憧れを抱きつつ、同じアジアゆえの文化の親和性を感じることができることも大きな魅力となっていた。これまで韓国に無関心、またはよくないイメージを抱いていた層に、新しく韓国への関心を高め、訪れ、交流する“きっかけ”となったことは間違いないが、“楽しい交流”からさらに一歩踏み込み、理解につなげることが課題である。

３）日本における「韓流」ブームと訪韓日本人

　「韓流」ブームは、韓国の文化政策においてコンテンツの輸出を念頭に入れ、その育成を図り、意図されたものであった。日本において顕著になったのはドラマ「冬のソナタ」による「冬ソナ現象」で、2004年ごろがピークである。

　「冬のソナタ」は2003年４月から９月まで、NHK衛星第二での放映後の反響により、2004年からNHK総合で放映されるようになったのは前述の通りである。この「冬のソナタ」の後、NHK衛星第二での放映後にNHK総合という流れで同様に放映されたのは、ドラマ「美しき日々」、さらにドラマ「オールイン」であり、これらに主演した俳優のイ・ビョンホンは、「冬のソナタ」主演のペ・ヨンジュンと共に、この「韓流」ブームの中心となった。このほか、やはり日本で放映されたドラマ「イヴのすべて」、「秋の童話」にそれぞれ主演したチャン・ドンゴン、ウォンビンの２名と共にこの４名で「韓流四天王」といわれ、それぞれ日本のテレビコマーシャルにも出演した。

　この時期の「韓流」ブームは、ドラマ、俳優などを主な対象としており、これを第一次「韓流」ブームということができる。

　アジアでは、1996年に韓国でデビューした音楽グループである「H.O.T.」が、2000年に北京での公演を成功させるなど、「韓流」ブームが音楽業界においても起こった。しかし、H.O.T.は日本では目立った活動をすることはなかった。また1998年に韓国でデビューし、同時期に活躍した音楽グループである「神話（SHINWHA）」は、2001年にZepp Tokyoでライブを行い、2004年には東京国際フォーラムで単独コンサートを開くなどの活動をしたが、その認知はごく一部の「韓流」ファンに限られていた。韓国で2000年にデビューしたソロ歌手のBoAは、2001年に日本デビューを果たした。2002年には日本レコード大賞金賞を受賞し、NHK紅白歌合戦

にも出場するなど、初めてポップス音楽で日本において成功した。しかしそれは、1982年に日本でもデビューし、ヒット曲を生み、1987年にNHK紅白歌合戦に韓国人歌手として初めて出場を果たしたチョー・ヨンピル同様、ある一人のアーティストの成功であったといえよう。

　2003年に韓国で結成され、翌2004年に韓国デビューした音楽グループの「東方神起」は、2005年に日本でもデビューし、デビュー曲はオリコンチャート最高37位であった。しかし、その後着実に人気を得て、翌年には一桁順位に、そして2008年には1位を獲得し、NHK紅白歌合戦にも出場を果たした。2009年には東京ドームで2日間のコンサートを開催するなど、日本で一般的に知られるアーティストとなったといえる（図4−6参照）。

　2011年にはNHK紅白歌合戦に、少女時代、KARAという2つの女性グループも出場し、韓国のポップス音楽はK-popと言われ、日本の音楽業界においても一大ムーブメントとなった。

　この2000年代後半の、K-popユニットおよびその楽曲を対象としたムーブメントは、第二次「韓流」ブームといわれ、その担い手は主に10代から20代の若い女性であった。

　K-popを対象とした第二次「韓流」ブームの中心となった東方神起は、グループの分裂や所属メンバーの兵役義務による活動休止などを経て、デビュー15年を迎えた2019年現在でも、依然活躍するグループとなっている。また2017年にNHK紅白歌合戦に出場したtwiceが、2019年まで3年連続で出場するなど、もはやK-popはブームではなく、一つの音楽分野として定着したともいえよう。

　さらに、日本における韓国の人気は、音楽にとどまらない。2010年代に入ると、若い女性の間で韓国人の肌の美しさが関心を集め、2013年ごろにはオルチャンメイクと呼ばれる、韓国式の化粧様式が人気となった。オルチャンはもともと韓国の若者言葉で、

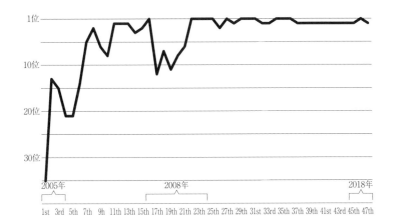

図4-6　東方神起のシングル曲オリコンチャート最高位の推移

顔を意味する「オルグル（얼굴）」と、くだけた表現で1番、最高といった意味の「ッチャン（짱）」とを合わせ、顔が美しい人を表す造語である。韓国大手の化粧品メーカー・アモーレパシフィックグループは、2005年に日本法人のアモーレパシフィックジャパンを立ち上げ、2011年には日本1号店を開業した。同じく化粧メーカー・エイブルシエンシは2006年に日本法人のミシャジャパンを設立し、2008年にBBクリーム、2015年にはファンデーションを大ヒットさせている[30]。

　こうした化粧品やファッションの人気、さらにK-popにおいても日本人メンバーを含むグループが台頭するなど、2010年代以降の日本における韓国人気は「第三の韓流」ともいわれ、その担い手は若い女性を中心としている。

　2000年代はじめに、ドラマや映画、その出演俳優を対象に始まった第一次「韓流」ブームは、中高年女性の関心を韓国に向けた。その後のK-popといわれる音楽を対象とする第二次「韓流」

ブームは、以前にはグルメやエステなどで韓国に対して関心を高めていた若い女性の中でも特に若い世代を中心に惹きつけた。さらにはファッションや化粧品など、身近なものにも広まっていき、もはやそれは「ブーム」という一過性のものではなく、一つの分野として一般化しているということができる。このような韓国に対する関心の高さは、韓国を訪れる日本人旅行者の状況にも如実に表れている。

韓国を訪れる日本人旅行者に占める女性の割合の推移を見ると、2005年以降は全体の旅行者に占める女性の割合に比べて多くなっている。全体の旅行者に占める女性の割合が、2005年ごろから横ばい傾向であるのに対し、韓国を訪れる旅行者に占める女性の割合は、60% に達するまでとなっている（図4−7）。

韓国を訪れる旅行者を年代別に全体と比較すると、全体では世代間での差はほとんど見られないが、韓国は20代の占める割合が明らかに多くなっている（図4−8）。

さまざまな分野での韓国に対する関心の高まりが、観光動機を刺激し、実際の多くの若い女性が韓国を訪れるという状況を生み出した。観光に伴う異文化接触は、短期間で、接触する対象も限られていることから、真の異文化理解につながらないという指摘がある一方、それでもなお、異なる文化を知る機会となる点で、異文化理解につながるものといえる。

2019年、日本と韓国の関係は、史上最悪の状況であるといわれた。その背景には2018年から続く、"徴用工訴訟問題""レーダー照射問題""ホワイト国除外問題"などがある。"徴用工訴訟問題"とは2018年10月、韓国の大法院（日本の最高裁判所にあたる）が、「日韓請求権協定で個人の請求権は消滅していない」とし、第二次世界大戦中に日本企業で労働者（徴用工）であった人と遺族に対して補償を命じたものである。これまで両政府が、1965年の日韓請求権

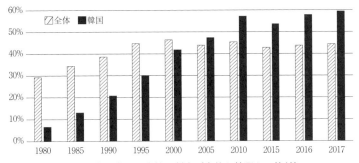

図4-7　日本人旅行者に占める女性の割合（全体と韓国との比較）

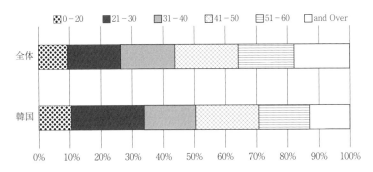

図4-8　日本人旅行者における世代別の割合（全体と韓国との比較）

協定で解決済みとしていたものに反することから、日本政府から異議申し立てが行われた。"レーダー照射問題"とは2018年12月、韓国海軍の駆逐艦が、日本の海上自衛隊哨戒機に対して火器管制レーダー照射が行われたと日本政府が抗議したことをきっかけとし、意見の相違が顕著となった。"ホワイト国除外問題"とは2019年7月、日本が韓国への輸出管理の運用を見直し、それまでの優遇措置をなくす（「ホワイト国」から除外）と発表したことをきっかけに、この措置に反対する韓国内で日本製品の不買デモなどが起こったことをいう。

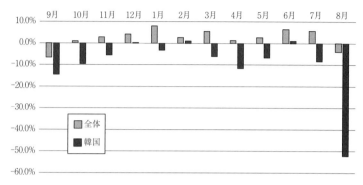

全体：日本政府観光局「出国日本人数」、韓国：韓国観光公社資料　国籍基準・入国者数

図4-9　対前年同月比の訪日韓国人旅行者数（訪日外国人全体との比較）

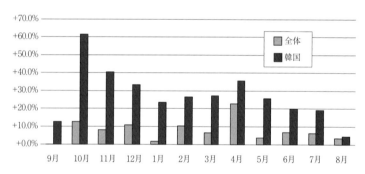

全体：日本政府観光局「出国日本人数」、韓国：韓国観光公社資料　国籍基準・入国者数

図4-10　対前年同月比の訪韓日本人旅行者数（日本人海外旅行者全体との比較）

　日本製品に対して不買デモが行われる韓国では、アウトバウンドは「見えざる輸入」ともなる観光についてもその影響は波及し、日本を訪れる観光者数は対前年同月に比べ大幅に減少した。訪日外国人旅行者全体と比べても大きなマイナス成長となっている（図4-9）。

　一方、韓国を訪れる観光者数は同様に比較しても、減少傾向は低

く、日本人の海外旅行者全体と比べても大きなプラスの伸びを示している。2018年秋から続く、「最悪の日韓関係」は、韓国を訪れる日本人旅行者にはほとんど影響していないとさえいえよう（図4–10）。より詳細なデータによれば、2019年8月以降、若干の減少は認められるが、韓国からの訪日観光客が大幅に減少したことに伴い、往来する航空機が減少したことによる影響が大きいともいわれる。

　「韓流」ブームをきっかけに広まり、もはやブームではない一つの音楽分野となったK-pop、さらにはファッションやメイクなど、韓国の流行や日常への関心は、政治的な国の対立とは別の次元で存在し、強い観光動機となっている。そして観光で訪れた韓国での体験は、さらなる興味関心を高めることにつながっているのではないだろうか。

　「観光は平和へのパスポート」といわれる背景には、観光を通してお互いを知りあい、お互いを知ることが平和につながることがある。観光に伴う異文化接触は、すべてが自動的に「異文化理解」となるものではない。しかしながら、仮に交流を通してあつれきを生んだとしても、関心をもち、接していくことはやはり理解への第一歩といえる。また政治と別次元で、交流を持つ「観光は民間外交」といわれる観光の効果を体現しているともいえる。

注
1 ）Norval, A.J.（1936）*The Tourist Industry*. London（国際観光局訳（1941）『観光事業論』）
2 ）新井堯爾（1949）『觀光事業概論　観光の理論と實際（第一回觀光講座全集）』東京都總務局觀光編
3 ）田中喜一（1950）『觀光事業論』財団法人觀光事業研究会
4 ）前田勇（1974）観光の諸効果と現代的意義. 鈴木忠義（編著）『現代観光論』有斐閣 pp.253-264.

5）香川眞（1978）観光の諸効果. 前田勇編『観光概論』学文社 pp.50-58.

6）Mathieson, A. & G. Wall（1982）*TOURISM*. Harlow: Longman

7）住田俊一（1988）国際観光『観光学概論』小池洋一・足羽洋保（編著）ミネルヴァ書房、p.342

8）Davidson, R（1993）*TOURISM second edition*. London: Pitman publishing

9）塩田正志・長谷川雅弘編著（1994）『観光学』同文館

10）Lickorish, L.J. & D.L. Jenkins（1997）*An introduction to Tourism*. Oxford: Butterworth Heinemann

11）Archer, B. & C. Cooper（1998）the positive and negative impacts of tourism. In Theobald, W.F（eds.）*Global Tourism* Oxford: Butterworth-neinemann pp.63-81.

12）鈴木勝（2000）『国際ツーリズム振興論－アジア太平洋の未来－』税務経理協会

13）前田勇・橋本俊哉（1995）観光の概念. 前田勇（編著）『現代観光総論』学文社 p.12

14）法務省出入国管理統計において「観光」を出国目的とした日本人の数。WTO、OECD、PATA および各国政府観光機関による発表では、1964年に海外旅行を行った日本人観光客数は、127,749人という数字もある。

15）1964年4月より、一人当たり年1回、持ち出し金額は500ドル以内（固定為替1ドル＝360円のため、約18万円以内）、持ち出し日本円は2万円以内と制限された。

16）海外旅行自由化後の最初の海外旅行は、日本交通公社が主催した「ヨーロピアン・ジェット・トラベル」であった。この旅行は、1964年4月6日出発の17日間で、旅費が71万5,000円であった。同年の大卒初任給は1万1,000円であり、現在の物価に換算すると1,000万円以上であった。

17）日本観光協会編（2019）『観光の実態と志向：第37回国民の観光に関する動向調査』

18）総理府編（1967）『昭和42年版観光白書』p.1

19）Norval, A.J.（1936）*The Tourist Industry*. London（国際観光局訳（1941）『観光事業論』）p.148

20）Glücksmann, R.（1935）*Allgemeine Fremdenverkehrskunde* Bern: Stampfli（国際観光局訳（1940）『観光事業概論』）

21）田中喜一（1950）『観光事業論』財団法人観光事業研究会 p.33

22）香川眞（1978）観光の諸効果. 前田勇編『観光概論』学文社 pp.57-58.

23）D'Amore, L.J.（1988）Tourism -A Vital Force for Peace. *Annals of Tourism Research* Vol.15 No.2 pp.269-270.

24）Krppendorf, J.（1987）*The Holiday Makers. Understanding the Impact of Leisure and Travel*. Oxford: butterworth Heinemann

25）Mckercher, B.（1993）Some Fundamental Truths about Tourism: Understanding Tourism's Social and Environmental Impacts. *Journal of Sustainable Tourism* 1（1）pp.6-16.

26）Hassan, R.（1975）International Tourism and Intercultural Communication: The case of Japanese Tourists in Singapore. *Southeast Asian Journal of Social Science* Vol.3 No.2 pp.25-38.

27）小野貴道・竹内荘平（2000）対韓直接投資の変遷と今後の可能性『SIRC REPORT』Vol.5 No.4 pp.53-88.

28）キーセン（妓生、기생）とは、もともとは李氏朝鮮時代以前から朝鮮半島で楽技などをする女性のことであった。キーセン観光はいわゆる買春旅行のこと。

29）財団法人国際文化フォーラム（2000）『国際文化フォーラム通信』no.45 p.3

30）2017年11月30日　朝鮮日報「Ｋドラマ・Ｋポップ以後Ｋビューティ…日本"第三韓流"熱風」において、2016年の日本での売り上げが273億ウォンと伝えられる。

2．国境を超えるファンツーリズム

本節では、海外のアーティストや俳優のファンになることで起きるファン行動とファンツーリズムの事例について、それがもたらす影響や変化について考察する。

（1）日本のアイドルに魅せられた韓国人ファンたち

1）調査方法

韓国在住の韓国人ファン4名を対象に、ソウル市内で聞き取り調査を実施した。ファン行動の対象は、日本のアイドルグループの「嵐」である。

2）調査結果

①事例1（S氏：20代半ばの女性、独身、会社員、ソウル在住）

「嵐」のファンとなったきっかけは、インターネットで「アレルギー」という楽曲[1]をたまたま聞く機会があり、その歌詞などの内容に興味を持ったことである。S氏の高校時代（2000年代）、日本のドラマが人気となっており、学校の教室で日本のドラマを見ることが日常であったという。日本語の勉強に関心が生じると同時に、日本のさまざまな楽曲をインターネットで検索し、聞くようになっていた。その過程で「アレルギー」に出会った。

2008年から2016年までの9年間で、9回コンサートに参戦した。会場は、札幌（3回）、東京、名古屋、大阪、福岡（3回）、ソウルであった。またコンサートのほかに「嵐のワクワク学校」というイベント[2]にも大阪と東京へ各1回ずつ参加した。嵐のコンサート、イベントのため、これまで11回の日本への遠征を行ってい

る。遠征はせっかく日本に行くので、コンサート会場がある地域を旅行することを楽しみにしてきた。「嵐」と関連がある撮影場所はもちろん、当該地域の名物などを検索してグルメを楽しんだり、周辺の有名な観光地などを訪れたりしている。

コンサートだけではなく、嵐が出演するテレビ番組や映画を見たり、発売されている CD や DVD や関連グッズを購入している。グッズは実際に使えるものを購入し、CD や DVD は開封せずコレクションしている。音楽などはインターネットからダウンロードしている。最近は、ネットでリアルタイムの日本の番組が見られる Sky-Stream（月額約22,000円）を契約している。

インターネットを通して嵐のファンと友達になり、一緒に日本でのコンサートに出かけたり、普段食事をしたり、嵐メンバーの誕生日会などを祝ったりしている。

外国に住んでいるファンは、日常のテレビなどを通じて嵐を見る機会がほとんどない。しかしインターネットを通じていつでも音楽やドラマなどの鑑賞ができ、毎年開催されるコンサートに参戦することで、ファンとしての気持ちが維持されているという。

家族や周りの人に嵐ファンであることやコンサートのため日本まで遠征しているということは言っていない。それは「いい年をしてアイドルを追っかけることはありえないことだと思っている社会的雰囲気があるから」であるという。

歌が好きなので、これからもコンサートにはぜひ行きたいと思っている。

②事例2（H氏：20代半ばの女性、独身、会社員、ソウル在住）
「嵐」のファンとなったきっかけは、日本のドラマ「花より男子[3]」を2009年に見たことである。主演俳優を務める嵐のメンバーのファンとなったことで、嵐に関心を持つようになり、現在は別のメ

ンバーのファンとなっている。

　2009年から2016年までの 8 年間で、17回のコンサートに参戦した。会場は、札幌（ 4 回）、東京（ 3 回）、名古屋（ 4 回）、大阪（ 2 回）、福岡（ 4 回）である。イベント「嵐のワクワク学校」にも大阪へ 1 回参加した。嵐のコンサート、イベントのため、これまで18回日本への遠征を行っている。日本へ行く目的は嵐のコンサートなので、 1 回の遠征につき 1 泊 2 日の旅程が普通である。滞在時間が短いので、いわゆる観光らしい行動はできないが、近郊の嵐のメンバーが出演するドラマの撮影地などには行っている。

　インターネットを通して、ファン同士のネットワークは一時的に広まったが、次第に整理された。複数の人数では時間の調整が難しく、好みの違いなどが出てきたことが理由で、現在は少人数のファンの友だちがいる。

　家族や周りの人には嵐のファンであることやコンサートのため日本まで遠征していることは内緒にしているが、母親だけは知っている。

　③事例 3 （B氏：20代後半の女性、独身、会社員、ソウル在住）
「嵐」のファンとなったきっかけは、韓国で2009年に放映されたドラマ「꽃보다男子」が話題になり、日本版が面白いと聞いて、インターネットで日本のドラマ「花より男子」をインターネットで視聴し、主演俳優を務める嵐のメンバーのファンになったことである。

　2008年にソウルで開催された嵐のコンサートに参戦した後、2016年までの 9 年間で、 5 回のコンサートに参戦した。会場は、札幌、大阪、広島、福岡とソウルに各 1 回ずつである。コンサート会場はできるだけ行ったことがない地域の会場を選んでいる。コンサートのついでに当該地域や周辺の観光地にも行ってみたいから

である。

　コンサートが一番好きだが、嵐が出演しているテレビ番組なども、中国のインターネットサイトで見ている。

　ファンの友だちは、2008年のソウルコンサートに行くときに、インターネットを通じて知り合った。時間が合えば友人と一緒にコンサートに行く。

　仕事のため、一人暮らしをしており、別居の家族は嵐ファンであることや日本のコンサートに行っていることを知らない。

　④事例4（C氏：20代前半の女性、独身、大学生、ソウル在住）

　「嵐」のファンとなったきっかけは、日本のドラマ「花より男子」の最終回を見たことである。主演俳優を務める嵐のメンバーのファンとなったことで、嵐に関心を持つようになり、その後、嵐が司会を務める日本のバラエティ番組「嵐の宿題くん」を見て、現在は別のメンバーのファンとなっている。

　2008年から2016年までの9年間で、12回のコンサートに参戦した。会場は、札幌（6回）、東京（1回）、名古屋（1回）、大阪（2回）、福岡（1回）、ソウルである。東京へ行ったときには、メンバーが出演する番組の撮影地などにも行っている。

　高校卒業後、日本に留学したかったが、諸事情でそれが叶わなかったこともあり、留学費用分として父親から日本への旅費を出してもらっているなど、嵐のファンであることを家族は知っている。「オタク」と呼ばれたくないので、周りの人にファンであることは知られたくない。そのため、購入するグッズはコンサートで使用するもの（ペンライト、うちわなど）だけにしている。

　嵐ファンになったことをきっかけに日本に対するイメージが形成され、日本という国に興味を持つようになった。大学での専攻は日本語で、大学で日本語を勉強しようという気持ちになったのは嵐に

よるものであるという。

3）韓国人ファンのファン行動とその特性

　聞き取り調査の結果をまとめると、表4−2の通りである。

　韓国人ファンが嵐のファンとなったきっかけは、インターネットでたまたま視聴した楽曲の場合もあったが、その他はドラマの視聴であった。国内ファンの場合はドラマのほか、バラエティ番組や歌番組などの出演テレビ番組に加え、日常の中で音楽を耳にする機会もあり得るが、海外ファンの場合はファンになる以前に「たまたま」接するという機会は相対的に少ない。現代ではインターネットを通して世界中のさまざまなコンテンツを目にすることはできるが、「嵐」が公式にインターネットでの音楽コンテンツなどの配信を始めたのは2019年11月のことであり、インターネットで接することができるのは「海外ドラマ」が中心であるためであろう。国内ファンの場合は、テレビ視聴など日常の範囲内で出会うきっかけがあるが、海外ファンの場合は「海外ドラマ」や映画が有力なチャンネルとなるといえよう。ファンとなった後は、インターネットを通してさまざまなものと日常的に接するようになっている。

　第2章3節1項「「ファン行動レベル」とその発展段階」で述べたように、国内ファンはファンとなった後、意識してテレビ視聴や録画を行い、CD、DVDなどの購入行動に発展するのが一般的である。しかし韓国人ファンの場合、DVDについては日本と韓国ではリージョンコードが異なり再生不能であるなど、インターネットでのファン行動が中心となり、購入行動へ発展しにくい。また、国内ファンと比べて接し得るコンテンツが少なく、雑誌や日常的な関連グッズの購入が難しいことから、ファンとしての気持ちを維持することが相対的に難しくなり得る。

　韓国人ファンがファン行動として購入するものの多くは、コン

表4-2 韓国人ファンの聞き取り調査結果

	S氏	H氏	B氏	C氏
きっかけ	インターネットで視聴した楽曲	日本のドラマ	日本のドラマ	日本のドラマ
日常での接触	有料サイトでリアルタイム視聴	インターネット	インターネット	インターネット
グッズの購入	CD、DVDを収集、関連グッズ、実用的なコンサートグッズ	―	実用的なコンサートグッズ	コンサートで使用するグッズのみ
コンサート参戦	9回 日本5都市＋ソウル	17回 日本5都市	5回 日本4都市＋ソウル	12回 日本5都市＋ソウル
兼観光	ロケ地を含め積極的	ロケ地のみ、コンサートが主目的で滞在時間が短い	当該地域や周辺の観光地にも行ってみたい	ロケ地やほかにも行くことがある
参戦地の選択	「せっかく日本に行くので」いろいろなところへ	仕事の日程に合わせて行かれるところへ	できるだけ行ったことがない地域の会場	―
ファンの交流	あり	あり	あり	あり
理解 家族	なし	母親のみ	なし	あり
理解 周囲	なし	なし	なし	なし
理解 本人の意識	「いい年してアイドルの追っかけはあり得ない」という風潮がある	「内緒にしている」	―	「オタクと言われたくないので、知られたくない」

サート会場で販売されるグッズであり、日常で使用する場合もあれば、コンサート会場でのみ使用するものに限るという事例もあった。コンサート会場で販売されるグッズは、そこでしか購入できないことから限定された人気が高いものである。「ファンであることを周囲に知られたくないから買わない」という事例を除くと、これらのグッズの購入は盛んであり、コンサートに参戦した記念としての意味合いもあるといえる。

韓国人ファンは、日常で接することができるコンテンツが違うことから、ファンとなるきっかけ、日常的なファン行動が国内ファンとは異なっており、インターネットが大きな情報源となっていた。テレビなどで簡単に接するチャンスがない外国人が、ファン対象へのファンとしての気持ちを維持拡大していくためには、現在のような情報技術の発展やインターネット環境が整備されていることが必須である。

　ファン行動が参戦行動へ発展すると、国内ファンの場合、日帰りで昼間の時間で完結できる範囲、日帰りが可能な範囲、宿泊を伴う範囲へと広がっていくことが確認されている。しかし韓国人ファンの場合、参戦行動は宿泊を伴う「外国旅行」とならざるを得ない。したがって、参戦行動へ影響を与える「費用」「時間」「理解」の3条件がさらに厳しくなる。こうした条件の厳しさにより、阻まれる場合も国内ファン以上にさらに多くあろう。国内ファンにおいても、特に日帰り可能な場所が多い首都圏在住のファンの場合、日帰りの参戦行動は可能であっても宿泊を伴う遠征は不可能という事例があるのと同様である。

　今回の調査対象者たちはいずれも、これらの条件をクリアして参戦行動へと発展した人たちであった。彼女たちの参戦先は多岐にわたっており、それは「日帰り」が可能な場所がなく、どちらにせよ飛行機で移動し、宿泊を伴う旅行となるのであれば、より近い場所を選択する必要などがないためである。これは国内ファンにおいても、地方エリア在住のファンに見られる行動と同様の傾向である。

　参戦行動に伴う「兼観光」の状況を見ると、ファン行動の延長としてのロケ地巡りなどの行動のほか、近隣の観光地を訪れるなどの観光行動が盛んな事例がみられた。コンサートへの参戦をきっかけとしている「外国旅行」であるからといえ、これは参戦先選択において「なるべく行ったことがないところへ」という理由で選択する

ことからもわかる。国内ファンにおいても、首都圏から札幌やハワイなど、移動距離が長く、十分な滞在時間をとったファンツーリズムにおいて、一般的な観光行動が盛んになっていたのと同様といえる。また、「コンサート参戦が主な目的だから」という理由で、滞在期間が短い事例では、一般的な観光行動はほとんど行わない。しかしながら当該対象者は頻繁に参戦行動を行っていることから、参戦行動に特化した、より国内ファンに近い志向であるとみることができる。

　ファンの絶対数が想定的に少ないと考えられる韓国においても、インターネットを通してファン同士のつながりをもち、ネットワーク形成を行っていることがわかった。この点も国内ファンと同様である。コンテンツとの接触においても、またこの友だちのネットワーク形成においても、インターネットがファン行動には大きな力をもっているといえる。

　日本人のファンにもまったくないわけではないが、韓国人ファンにより強い傾向であり、その特性ともいえる点は、ファンであることを公言しない、家族にも秘密にすることがある点である。嵐はそのメンバーの年齢が36歳から39歳となっており（2019年現在）、ファンの年代も若い世代だけでなく、メンバーと同世代の30代後半は普通のことで、さらにはそれ以上も珍しいものではない。今回の韓国人ファンの調査対象者はいずれも20代であったが、それでも「いい年してアイドルの追っかけはあり得ない」「周りに知られたくない」「家族にも言っていない」という声が聞かれた。コンサート会場で購入するグッズも実用的なもので、目立たないものが選択されていた。ここでいう「いい年」とは大学生以上のことで、20代以上である。韓国では日本以上に「○○답다」や「○○스럽다」という、「〜らしい」「〜っぽい」という言葉がよく使われ、性別や年代などによってそれにふさわしいふるまいが求められ、そぐわない行動は

受け入れられにくい社会的風潮に起因すると考えられる。参戦行動に影響する条件の一つである「理解」はまさにこれに当たり、この点において韓国人ファンは参戦行動への発展が日本人ファンにもましてその条件が厳しいといえる。

　ファン行動は、国内ファンでも海外ファンでも同様の傾向が認められる一方、海外のファンはこのように、①接し得るコンテンツの違い、②地理的な「距離」の遠さ、③社会文化的風潮の違いという点に特徴があるといえる。また海外ファンは、ファンになることを通して、ファン対象の国、言葉、文化などへの関心を高め、接近性を高める可能性をもっていることも指摘される。これは興味、関心が観光動機となり、理解につながる国際観光の効果を表すものである。

（2）韓国の俳優ファンから「文化の伝道師」になった日本人たち

　著者らが、ファンによる観光行動を「ファンツーリズム」と措定して研究を始める契機となったのが「アイリス効果」についての調査・研究である[4]。2009年10月から韓国でドラマ「IRIS（アイリス）」（以下「アイリス」と表記）が放送されると、同年11月頃からロケ地となった秋田を訪れる韓国人観光客数が急増し、「アイリス効果」と呼ばれるようになった[5]。しかし臺・崔・韓（2012）が指摘したように「アイリス効果」としては、韓国人観光客の増加だけではなく、ロケを受け入れた諸機関・諸施設において自分たちの地域や観光資源に対する認識が変化したことも挙げられる。また諸機関・諸施設への聞き取り調査の中で、「アイリス」の秋田ロケにおいて、最も早く秋田を訪れたのは、主演俳優であるイ・ビョンホンの日本人ファンであることが分かった。

　秋田ロケは、2009年3月に、秋田市、男鹿、角館、阿仁合、田

沢湖、乳頭温泉などで3週間にわたって行われ、撮影中の主演俳優を一目見ようと、多くの日本人ファンが、厳寒の秋田に集まった。2012年に実施した秋田県観光スポーツ部観光振興課国際観光班への聞き取りでも「想定以上だったのは、主演俳優イ・ビョンホン氏ファンの動きである。ある程度集まるとは考えていたが、日に日に増えていった」と述べている。地元紙の秋田魁新報によると、秋田空港での出迎えに300人程度、見送りに400人程度のファンが集まった[6]。秋田を訪れたファンへの聞き取り調査に加え、ファンの動向や興味・関心について、ファンを対象として質問紙調査を行った。

1）秋田を訪れたファンへの聞き取り調査

①調査概要

ファン対象者が主演するドラマが秋田で撮影されると知ったファンは、どのような行動をとったのだろうか。「アイリス」の撮影期間中である2009年3月に個人手配旅行で友人と秋田に行ったK氏と、撮影後の2010年9月に公式ツアーに友人と参加したN氏に聞き取り調査を行った。

②調査結果

1）撮影期間中の個人手配旅行の事例

撮影期間中に、個人手配旅行で友人と秋田を訪れたK氏の旅程を表4-3にまとめた。

田沢湖畔のホテル・イスキアが撮影関係者の宿舎となることを知り、ファン友だちを誘って秋田旅行を計画した。

K氏は、「イ・ビョンホン氏が『アイリス』撮影のため、秋田に来ていたから秋田を訪れたのであって、ほかの地域で撮影していたら、その場所に行く」という趣旨のコメントを回答した一人であ

表4-3 撮影中に秋田に行ったK氏の旅程

	移動区間	回った撮影ポイント	主演俳優との接触
16日	大宮⇒秋田	ポートタワーセリオン	
17日	秋田⇒田沢湖	ホテル・イスキア	10：20　ホテル・イスキア前で出迎え＆握手
	田沢湖⇒男鹿	ホテル帝水	
18日	男鹿内		10：30　ホテル帝水前で見送り＆握手
		男鹿水族館	
		寒風山	撮影を見守る
		男鹿水族館	
19日	男鹿内		ホテル帝水前で出待ちするも、オフのため、ホテルから出ない旨、マネージャーから案内あり
		カンカン洞、真山神社、寒風山展望台など撮影に使われそうな所をタクシーで移動	
	船越（男鹿線）⇒秋田⇒大宮	秋田民謡酒場街、居酒屋よねしろ	

出典：K氏の旅行記録をもとに著者作成
注：表中の下線は、ドラマに登場した場所を示す

り、また撮影中の秋田旅行は「アイリス効果」というよりも主演俳優である「ビョンホン効果」であると評した。

2）撮影後の公式ツアーに参加した事例

　N氏は、2010年6月に東京・六本木で開催された「IRISイベント」で公式ツアーのパンフレットを入手し、ファン友だちのO氏と2人で2010年9月にAコースに参加した。Aコースは田沢湖で大阪からの参加者と合流し、総勢40名ぐらいのツアーになったという。2010年秋にO氏が参加したJ社主催のアイリス公式ツアー3コースの行程を表4-4にまとめた。

　立ち寄った観光ポイントは、すべてドラマ「アイリス」に登場し

表4-4　アイリス公式ツアーのコース別日程

	日程	移動	観光ポイント	宿泊
A	1日目	東京⇒田沢湖	田沢湖畔・たつこ像、レストランORAE（昼食）、田沢湖スキー場（ログハウスぎんれい）、玉川ダム	ホテル・イスキア
	2日目	田沢湖⇒横手⇒秋田	横手城・かまくら館、漆蔵資料館佐藤養助商店（昼食）、秋田市内（フリータイム）	秋田市内
	3日目	秋田⇒盛岡⇒東京	ポートタワーセリオン、なまはげ館	
B	1日目	東京⇒秋田駅⇒男鹿	寒風山、男鹿水族館	ホテル帝水
	2日目	男鹿⇒秋田	横手城・かまくら館、漆蔵資料館佐藤養助商店、秋田市内（フリータイム）	秋田市内
	3日目	秋田⇒田沢湖⇒東京	田沢湖畔、たつこ像、ホテルイスキア、レストランORAE（昼食）、田沢湖スキー場（ログハウスぎんれい）	
C	1日目	東京⇒大曲⇒田沢湖	漆蔵資料館佐藤養助商店（昼食）、横手城・かまくら館、田沢湖畔・たつこ像	ホテル・イスキア
	2日目	田沢湖⇒男鹿	玉川ダム、田沢湖スキー場（ログハウスぎんれい）、角館、秋田内陸縦貫鉄道、阿仁合駅、男鹿	ホテル帝水
	3日目	男鹿⇒秋田	男鹿水族館、なまはげ館、寒風山、ポートタワーセリオン	秋田市内
	4日目	秋田⇒東京	秋田市民市場（フリータイム）	

出典：N氏提供のツアーパンフレット資料から著者作成

たロケ地であり、昼食場所となっている漆蔵資料館佐藤養助商店
（横手）、レストランORAE（田沢湖）では食事のシーンが撮影され
た。またツアーでの宿泊先となっているホテル・イスキア（田沢
湖）とホテル帝水（男鹿）はドラマに登場しただけでなく、撮影
中、主演俳優が実際に滞在・宿泊したホテルでもある。2日目の秋
田市内でのフリータイム時には、撮影が行われた秋田市民市場、居
酒屋よねしろ、を自分たちで訪れている。旅行代金は少し高めと感
じたが、「アイリス」に登場した場所を効率よく回れたので、それ
だけの価値があったと考えている。男鹿方面にも足を伸ばすCコー

スに参加したかったが、それぞれ家族がおり、4日間の旅行に出るのは、時間的に無理と判断したという。

2）ロケ地めぐり旅行に関する質問紙調査

①調査概要

主演俳優イ・ビョンホンのファンを対象とし、2014年2月に、「『アイリス』ロケ地めぐり旅行に関する調査」を実施した。聞き取り調査を行なったファンを核としたファン・ネットワークに、調査票の配布を依頼。またファンブログを書いているファンを核に、ファン・ネットワークに対しても同様に依頼した[7]。

本調査では、ファンになってからと、ファンになる前の自分を比較する質問30項目を用意し、7段階評価で回答してもらった。調査票回収数は147通である。30項目の質問は図4−11の通りである。

②調査結果

1）ファンになってからの変化とその自覚

これらの質問に対する回答について、因子分析を行った結果、6つの因子が抽出された。「生活の活力」、「韓国製品の使用」、「韓国に対する興味」、「IT使用能力」、「韓国旅行」、「韓国関連交流活動」である（崔・韓・臺：2014）。

ファンになったことで、生活が充実していると感じ、家族・友人・知人からの好意的な評価も得られるなど、生活を楽しむ「生活の活力」が得られたと感じていることがわかる。

さらに「韓国製品の使用」、「韓国旅行」、「韓国関連交流活動」など、単に韓国に興味をもつようになっただけでなく、購買や旅行、交流活動など、具体的な行動を起こしていることが明らかになった。

- 友人や家族に韓国旅行を薦めたい
- 友人や家族を韓国旅行に連れていきたい
- 好きな俳優が出演した映画・ドラマのロケ地を旅行したい
- 日韓の政治状況は自分の韓国旅行に影響する
- 家族や知人から韓国旅行について心配されても行くと思う
- ファン以外の韓流ファンとも交流している
- 韓国に関するイベントや、シンポジウム、勉強会などによく参加する
- 出演作以外にも韓国のドラマや映画をよく見ている
- ファン同士で集まる機会が多い
- IT機器や使用方法について興味を持つようになった
- SNS（ツイッター、Facebookなど）を利用するようになった
- 自分のブログやホームページで発信する回数が増えた
- パソコンやタブレットの機能（インターネットや写真編集など）を使いこなせる
  ようになった
- カメラの機能や性能に興味をもつようになった
- 韓国の文化に興味をもつようになった
- ロケ地以外の韓国のいろいろな地域に興味をもつようになった
- 韓国語が話せるようになった
- 日常生活で韓国の製品・商品の使用頻度が増えた
- 韓国の食品・食材の購入頻度が増えた
- 韓国の化粧品の購入頻度が増えた
- 韓国の雑貨品・インテリア商品などの購入頻度が増えた
- 韓国のファッション（服、バッグ、靴など）の購入頻度が増えた
- 韓国のテレビ番組をよく見るようになった
- 韓国の映画をよく見るようになった
- ファンになったことで友人・知人が増えた
- ファンになったことで、生活が充実していると感じる
- ファンになって、若返った気がする
- ファンになってから、家族や友人・知人から「生き生きしている」などと言われる
- 家族や知人・友人から「夢中になれるものができてよかったね」などと言われる
- 新しい一日を迎えることが楽しい

図4−11 「『アイリス』ロケ地めぐり旅行に関する調査」における調査項目

2)ファンは「文化の伝道師」になる

　「『アイリス』ロケ地めぐり旅行に関する調査」では韓国への旅行回数もたずねているが、アンケート総数147のうち、136人が韓国へ旅行したことがあると回答した。ほとんどが10回未満だが、10回以上28人、20回以上5人、30回以上4人、50回以上も5人いた。

聞き取り調査でも、ファンになったことで韓国語を学んで話せるようになり、韓国料理を習って家族や友人に振る舞う、特に「韓流」に興味がない友人・家族・同僚たちとソウル旅行を計画するときに、韓国のファン・ネットワークを通じ観光やグルメの最新情報などを得て、オリジナルの観光プランを企画するなど、自分で楽しむだけでなく、韓国の魅力・文化を紹介する交流活動にまで広がっており、「韓国文化の伝道師」の役割を果たしているともいえる。中には韓国の配給元と直接交渉し、日本ではなかなか上映されない韓国映画を自主上映する活動を続けているファンもいた。

　そして、聞き取りに協力してくれたファンのほぼ全員が言及していたのが、ファンになったことで、それまで家族や地域、職場、子どもの保育園・幼稚園・学校など、地理的にも限られた範囲での交友関係しかなかったのが、日本国内だけでなく韓国にまでファン友とのネットワークが広がり、さらに家庭環境や職業の有無、年齢差などを超えた新しい友人関係が築けたことへの驚きと喜びである。ファンの一人は「ファンにならなければ、一生出会うことがなかった人たちとの出会い」と表現した。

　ネットワークが広がったのは、IT環境が整備されてきたことによるのは確かだが、家族との共有パソコンを使っていたのを、いつでも自由に使えるよう自身のパソコンやタブレットを所有するようになったり、イベント時などに遠くからでも撮影できるよう望遠レンズ付きの一眼レフカメラを購入[8]したり、韓国のテレビ番組を自宅で視聴できるような放送プログラムに加入するなど、ファン自身が努力して得た「IT使用能力」の賜物なのである。

　冬ソナファンを対象とした林（2005）の調査[9]でも「冬のソナタ」をきっかけに変わったこととして、最も多かったのが、「そのほかの韓国のドラマや映画を見た」（71.2％）であり、「韓国に関する本や雑誌を買った」（55.3％）、「韓国料理や観光に興味を持った」（43.9％）、

「日韓の政治・歴史に関する報道に注目するようになった」(39.4%)、「家族や友人との会話が増えた」(37.2%)、「冬ソナファン[10]の新しい友人ができた」(31.2%)、「韓国語を学び始めた」(28.9%)、「在日朝鮮人・在日韓国人の歴史に関心をもった」(25.5%)、「人生の新たな目標を立てた」(10.5%)、「配偶者・交際相手との関係がよくなった」(7.7%) となっていた。

　韓国について興味・関心をもつようになり、家族や友人など周囲の人との関係が良好になり、冬ソナファンの新しい友人ができ、人生を考えるきっかけになるなど、ファン自身の生活や心境に大きな変化が起きており、本調査のファン対象である俳優イ・ビョンホンのファンを対象とした調査との共通点も見られる。

　３）ファンツーリズムが超えてきたもの

　アイドルや俳優などのファンが、ファン対象者のコンサートやイベントに出かけていくファンツーリズムは、「冬ソナ」ファンやイ・ビョンホンのファンなどによる「韓流」ブームや、「嵐」ファンが始めたというわけではない。

　例えば、1966年6月30日から7月2日にかけて、日本武道館で5回のコンサートを行った The Beatles（以下「ザ・ビートルズ」と表記）は、世界初のアイドルロックグループであった。英国でデビューし、世界ツアーを行ったこのグループの来日公演に2回行ったという男性ファンは、当時、高校生で、高校ではコンサートに行くことを禁止していたが気にせず出かけたという。彼は東京在住だが、コンサート会場となった武道館で、札幌から来た男子高校生に会ったと話してくれた。

　50年以上も前、札幌から東京に来るだけでも大変な移動であったはずで、しかも未成年が一人で出かけてきたというのだから、ザ・ビートルズのコンサートに行きたい、本人たちの演奏を生で見

たい、聴きたい、という思いの強さはどれほどのものであっただろうか。

　ザ・ビートルズは、同年8月のサンフランシスコ公演を最後に、コンサート活動を行わなくなり、さらに1970年に解散した。臺・幸田・崔（2018）は、通常のコンサートツアーより、国内の限定公演、さらに海外での限定公演というように、ファンツーリズムが階層化することを指摘した（図3−15、p.98参照）が、たった一度しか開催されなかった日本公演に参加できたファンは、海外での限定公演参加に匹敵する、ファン行動として最上位の活動であり、ザ・ビートルズファンの中では「レジェンド」ともいえる。

　ザ・ビートルズメンバーの一人であり、70歳を過ぎてから、2年おきのペースで来日コンサートを行っているポール・マッカートニーが、筆者が参加した2018年の両国国技館公演で「1966年の日本武道館公演に来た人はいる？」と質問したところ、会場7,500人ほどのうち、およそ100人以上のファンがそれに応えたため、ポールは驚き、また感激していた。この公演で同じ升席になったのは、筆者を含めいずれも女性で、それぞれ札幌、東京、島根、広島（筆者）からの参加であった。札幌の女性は、「娘も両国国技館公演に来たがっていたが仕事の都合で、次の名古屋公演に行くことにしている」と話してくれた。また島根から参加の女性は、公演後、夜行の高速バスで帰ろうと考えたが、ポールのコンサートは開始時間が遅れることが多いため、コンサート最後までいるために、ホテル泊で、翌朝朝一番の飛行機で帰ることにしたと言っていた。

　両国国技館は7,500人規模の会場であったが、東京ドームや福岡ドーム、ナゴヤドームでも公演しており、いずれの会場もチケットはほぼ完売している。しかし一回の来日公演につき、3〜5公演程度しかなく、ほとんどが東京で開催されていることから（表4−5）、かなりの数のファンが宿泊を伴う遠距離参加者であり、ファン

表4-5　ポール・マッカートニーのツアー公演会場と公演回数

公演地	東京			大阪	名古屋	福岡
公演会場	東京ドーム	日本武道館	両国国技館	大阪ドーム	ナゴヤドーム	福岡ドーム
1990年	5					
1993年	3					1
2002年	3			2		
2013年	3			2		1
2015年	3	1		1		
2017年	3	1				
2018年	2		1		1	
公演回数	22	2	1	5	1	2

出典：Wikipedia ポール・マッカートニー　日本公演日程　より筆者作成
https://ja.wikipedia.org/wiki/ ポール・マッカートニー # 日本公演日程

ツーリズムが発生しているといえる。

　1980年代半ば、バブル景気真っ盛りの時期に、フランスの俳優アラン・ドロンが同席するディナーパーティーに参加できるパリツアーについての新聞記事を読んだことがある。このツアーは、1986年から91年にかけて「アラン・ドロンとツアーを一緒に」というタイトルで、阪急交通社が催行したものであった。このツアーに添乗した女性に聞き取りをしたところによると、各地から出発した何グループかのツアーがディナーパーティーで合流し、参加者総勢150人ほどが一堂に会したという。女性ファンが多かったが、奥様がファンで、ご主人も一緒に参加したというカップルもいて、ディナーパーティー以外は、通常の観光ツアーが組まれていたとのことだった。しかし、好きな作品や名場面などの話で盛り上がっていた参加者もいたとのことで、ファン同士ならではの楽しみ方であったといえよう。世界的な人気俳優とディナーを同席できるツアーに150人もの人が参加し、そのツアーが数年にわたって催行された。これは、まさにファンツーリズムそのものであろう。

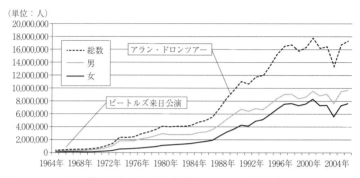

（単位：人）

出典：e-stat　出入国管理統計 出入（帰）国者数データから筆者作成
図4−12　日本人の男女別出国者数

　ザ・ビートルズの日本公演は1966年で、1964年の海外渡航自由
化直後であり、ザ・ビートルズの世界ツアーに参加するために海外
に出かけていくなどということは考えられなかった時代である。一
方、1986年から1991年のアラン・ドロンツアーは、まさにバブル
景気真っ盛りの時期に催行されており、また出国者数が急増し始め
る時期にあたる（図4−12）。
　1960年代は、そもそも一般の人が海外に行くのは難しかった。
しかし、海外渡航自由化や所得の増加などにより経済環境が変化
し、出国者数が急増しはじめた1980年代には、アラン・ドロンに
会うためにファンがフランスを訪れたことになる。かつては行きた
いと思っても、一生に一度行かれるかどうかだった海外旅行は、身
近で自由に行かれるものとなっていくというように、日本人の海外
旅行動向は大きく変化した。こうした変化は、ファンツーリズムの
行動範囲を海外に広げる追い風となったのではないだろうか。アラ
ン・ドロンのファンのほかにも多くのファンが、海外のファン対象
者に「会う」ために、あるいは国内のファン対象者の海外での活動
を「見る」ために、またゆかりの地を訪れるために国境を超えてき

たはずである。

　ファンがファン対象に惹きつけられて国境を超える現象が広く知られるようになったのは、やはり2000年代に入ってから「冬のソナタ」をきっかけに中高年女性が大挙して韓国を訪れた「韓流」ブームによってであろう。前節で触れたように、俳優イ・ビョンホンは、「冬のソナタ」に主演したペ・ヨンジュンとともに、「韓流四天王」の一人といわれ、韓国のドラマや映画だけでなく、ハリウッド映画にも進出しており、ファンは、ロケを見守るために秋田を訪れただけでなく、韓国でのファンミーティングやソウルでの映画公開プレミアなどに参加するなど、韓国への旅行回数も多い（p.145）。韓国映画を自主上映する活動を続けているイ・ビョンホンのファン（p.146）は、昨今の日韓情勢から懸念を示した家族を説得して韓国旅行に行ったことをフェイスブックに投稿していた。

　ファンになることは、単に地理的な意味で国境を超えるというだけでなく、たとえば女性だから、妻だから、母だから、仕事があるから、学生だから、何国人だから、などと時に他者から、そして時には自らが規制していた境界を、自分自身で超えようとし、その実現に至った。自らの意思で国境を超えるようになったのである。

　この意味で「韓流」ブームは、「代替性のない魅力」によって生み出されるファンツーリズムが地域にとって強い誘致力をもつことを社会に知らしめたことに加え、ファンの人生を変え、豊かにする可能性をも秘めていることをファン自身に知らしめた分岐点であったといえよう。

注
１）2001年１月に発売された嵐のファーストアルバム『ARASHI No.1〜嵐は嵐を呼ぶ〜』に収録され、2000年に開催されたコンサートツアー「嵐 " 台風ジェネレーション "SUMMER CONCERT 2000」および、2001年に開催

されたコンサートツアー「嵐 SPRING CONCERT 2001 "嵐が春の嵐を呼ぶ CONCERT"」で、主に歌われた。シングルカットはされておらず、テレビなどで歌われたこともないため、一般的にはあまり知られていない。2009年に開催された10周年を記念するコンサートツアー「ARASHI Anniversary Tour 5×10」において再び歌われ、後に発売されたDVDにも映像収録された。

2）2011年の東日本大震災後、嵐は東京ドームでのコンサートを6月に予定していた。しかし当時の東京近郊は、震災とそれに伴う原発事故などの影響を受け、節電が必要とされる状況であった。嵐のコンサートに必要とされる電力は、所有する発電車でまかなえるともいわれるが、省電力で開催でき、また「日々是気付」をテーマに参加者がさまざまなことについて考えるきっかけとする内容で、チャリティイベントとして開催された。3日間5公演で約22万5,000人を動員し、収益金の約2億円が被災地に寄付された。翌年から2019年までは東京ドームと京セラドーム（大阪）で、チャリティイベントとして継続開催され、2016年の熊本地震、2018年の平成30年7月豪雨、2019年の令和元年台風第15号の被災地域にも、東日本大震災に加えて寄付を行ってきた。

3）ドラマ『花より男子』は、2005年10月に放映され、2007年1月から続編である『花より男子2（リターンズ）』が放映され、2008年には映画『花より男子F』が公開された、日本の人気ドラマである。日本の少女漫画作品を原作としており、日本に先んじて2001年に台湾で『流星花園 -Meteor Garden-』のタイトルでドラマ化されている。韓国での人気も高く、『꽃보다남자』のタイトルで2009年にリメイクされている。

4）2012年度科学研究費助成事業　基盤C　課題番号24611020　「映像メディア誘発型の国際観光における観光者の特性と観光市場への影響に関する研究」

5）『IRIS（アイリス）』は、韓国KBSが2009年10月から12月まで放送したドラマで、全20話が放送された。朝鮮半島の政治状況を背景としたストーリーで、初回視聴率は20％以上、最終回は40％を超えたと言われている。2009年3月に、3週間にわたって秋田ロケが行われ、韓国から秋田を訪れる観光客が激増、「アイリス効果」と呼ばれた。

6）秋田魁新報に掲載された日本人ファンに関する記事概要は以下の通りである。2009年3月10日の記事：『アイリス』主演俳優イ・ビョンホン氏ら来県。秋田空港に出迎えのファンが300人以上集合。関東や関西から駆け付けたファンも。京都、神戸からのファンコメントあり。2009年5月13日の記事：ソウルで『アイリス』制作発表。3月28日の帰国時には、ファン約

400人が秋田空港で見送った。

7）聞き取り調査の対象となったファンは、埼玉、神奈川、福岡在住である。埼玉のファンは、静岡のファンもネットワークを持っているとして、調査票の送付を手配してくれた。

ファンのブログのうち、毎日のように投稿し、それに対するコメントが活発に書き込まれているサイトを運営する数名のファンにウェブ上で連絡を取り、調査への協力を求めたところ、何人かが、自身のサイトでの調査依頼掲示を引き受けてくれたほか、自分のファン・ネットワークへの調査票配布にも協力してくれた。中には、大阪や東京でのファンミーティングに参加するので、周囲の人に配布しましょうと申し出てくれたファンもいた。

ファンのネットワークは、居住地周辺だけでなく、全国区で広がっているほか、韓国でのファンミーティング・イベントやソウルでの映画の公開プレミアに参加した際に知り合った韓国人ファンとも交流しており、韓国のファンクラブ会員になっている日本人ファンも多い。

8）韓国芸能界では、ファン向けのイベントなどで、ファンが、ファン対象者を撮影することが許可されているケースが多く、「フォト・シューティングタイム」がイベントのプログラムに組み込まれていることもある。そのため、遠くからでもファン対象者を撮影できるよう望遠レンズと一眼レフカメラを購入するファンも多い。

9）林（2005）は、東京大学大学院情報学環助手の金相美氏とともに、冬ソナファンを対象としたアンケート調査を2004年9月に実施し、830人から回答を得ている。男女比率は、女性：93.1％、男性：6.9％、平均年齢47.3歳で、20代（7.5％）、30代（18.6％）、40代（27.4％）、50代（31.8％）、60代（70歳以上も含む、14.8％）となっていた。このアンケート調査では、「『冬のソナタ』をきっかけに変わったことについて、あてはまるものにいくつでも○をしてください」という質問があり、その結果が、「冬のソナタ」をきっかけに変わったこと（複数回答）という図（p.165）にまとめられている。

10）p.118～と p.123～で紹介したように、日本での韓国コンテンツブームの先駆けとなったドラマ「冬のソナタ」のファンのこと。

むすびに

　2005年に発表された「映像等コンテンツの制作・活用による地域振興のあり方に関する調査　報告書」では、「地域に関わるコンテンツ（映画、テレビドラマ、小説、まんが、ゲームなど）を活用して、観光と関連産業の振興を図ることを意図したツーリズムを「コンテンツツーリズム」と呼ぶ」としていた。2011年設立のコンテンツツーリズム学会の設立趣意[1]のベースは、この報告書にあるのだろう。

　コンテンツツーリズムという用語を用いた論文は、2010年頃から増えていくが、当初の対象事例はアニメ、まんが、ゲームなど（臺・韓・崔：2015a）であった。ところが事例の範囲は急激に広がり、精力的に論文を発表していた岡本が「コンテンツという言葉が無制限に拡大され、定義の意味をなさなくなってしまう」（岡本：2011b）と指摘するまでになっていった。

　しかし第一章で言及したように、江戸時代の道中記や名所図会も、現代の映画やアニメも、形や表現方法は違っても、人々を旅に誘い出す力を持っているという点では、共通している。観光とコンテンツの間には、本質的なかかわりがある、いやむしろコンテンツのない観光などないのである、というべきではないだろうか。

　唯一無二の「人」もまたコンテンツであると考えれば、ファンツーリズムも拡大し続けるコンテンツツーリズムの延長線上にあることになる。しかし「代替性のない魅力」によって誘引されるファンツーリズムについての研究は、ファンがファン対象者に魅了されることで起こる観光行動、すなわち観光主体である観光者を主語と

しているという点で、地域振興のためのコンテンツツーリズムとは一線を画している。

　ファンが、地域振興を意識した観光行動をとることがあるとしたら、第三章で取り上げた宮城県での復興支援コンサートのように、ファン対象者が関わっている場合であって、通常のコンサートやファンミーティングなどのイベントに参加するとき、ファンは地域に行くことを第一目的とはしていない。つまり多くのファンが集まることで、地域経済に影響が及ぶ、それは結果に過ぎないのだ。

　第二章以降では、さまざまな調査・考察によって、ファンツーリズムとは何か、に迫ろうとした。第四章で触れた2003年からの「冬ソナ現象」や2009年に始まった「アイリス効果」といった、メディアが盛んに取り上げた現象についての観光研究は、2012年になってもほとんど行われておらず、ましてや「特定の人物・グループ」（臺・幸田・崔：2016a）のファンによる観光行動に注目した研究は、いわば「未踏の地」であった。

　だが周囲の人たちに、好きな音楽グループやアーティスト、俳優などがいるか質問してみていただきたい。50人に聞いたら、少なくとも数名は、あるいはもっと多くの人が、アイドルやJ-POP、K-POP、さまざまな分野のアーティスト、日本だけでなく「韓流」や「華流」の俳優などについて語りだし、初めて聞く名前も数多く挙がるのではないだろうか。そしてイベントやコンサートにも出かけているファンなら、ファンになる前とはどこか違う、生き生きと充実した人生を謳歌しているかもしれない。

　ファンツーリズムは、ファンによる観光行動を指す用語ではあるが、さまざまな面でファン自身を変えるエンパワーメントの力をもっていることは間違いない。そして、観光を地域振興の手段やツールと位置付けたのでは、決して見えてこない世界が、そこに広がっている。

ファンツーリズム研究は、観光研究のごく一部に過ぎない。しかし、この本が、キャラクターやアーティストのファンであることを生かした研究も「可能なんだ」と気づく、一つのきっかけになれば、これほどうれしいことはない。

臺　純子

注
1）コンテンツツーリズム学会ホームページ：

http://contentstourism.com/seturitushi.html

追　記

　本書は、書き下ろし原稿と既発表論文などをもとに加筆修正した
原稿で構成されている。それぞれの章の初出誌は以下の通りであ
る。

　なお、第3章・第4章の嵐ファン、イ・ビョンホンファンを対
象としたアンケート調査の統計分析については、科学研究費助成事
業で6年間にわたり、2つの課題において共同研究者であった崔
錦珍先生（九州国際大学現代ビジネス学部地域経済学科教授）に協力
いただいた。

【各章の初出誌】
第一章　変化し、多様化し続けるコンテンツ
　　　　　　―江戸時代の道中記から、現代のアニメ、アイドルへ―
　1．時代の変化を反映したコンテンツと観光
　　　本書への書き下ろし
　2．アニメ聖地巡礼から2.5次元まで
　　（1）アニメ聖地巡礼を創めた人たち
　　　本書への書き下ろし
　　（2）アニメ聖地巡礼研究の動向
　　　本書への書き下ろし
　　（3）コンテンツツーリズム研究の動向
　　　臺純子・韓志昊・崔錦珍（2015a）日本におけるロケ地めぐり観光研
　　　究の動向と用語の整理『立教大学観光学部紀要』第17号、pp.45-51.
　3．ファンツーリズム研究創始に向けて
　　　臺純子・幸田麻里子・崔錦珍（2016a）日本におけるファン文化・ファ

ン行動研究の動向―ファンツーリズムの確立に向けて―『立教大学観光学部紀要』第18号、pp.165-173.

第二章　ファンとファン行動
―多様化するファン、グループ化するファン―
１．ファンの現代的様相
幸田麻里子（2015）ファンコンテンツツーリズムの実状と意義　『流通経済大学社会学部論叢』、第25巻第2号 pp.75-83.

２．ファン行動の実態
（1）ハワイコンサート参戦の記録から
―ファン行動の実態分析①―
幸田麻里子（2015）ファンコンテンツツーリズムの実状と意義　『流通経済大学社会学部論叢』、第25巻第2号 pp.75-83.
（2）ファンの8年間をたどる
―ファン行動の実態分析②―
幸田麻里子・臺純子・崔錦珍（2015）ファンツーリズムの実態―アイドルファンへの聞き取り調査から―『第30回日本観光研究学会全国大会学術論文集』pp.281-284.
（3）ファン対象に誘引されるファン行動
本書への書き下ろし

第三章　ファン行動からファンツーリズムへの進展
―ファンは、ファンの階段を上って「会い」に行く―
１．ファン行動とファンツーリズム
（1）「ファン行動レベル」とその発展段階
幸田麻里子・臺純子・崔錦珍（2016）ファン行動の発展段階とファンツーリズム『第31回日本観光研究学会全国大会学術論文集』pp.273-

276.

（2）「ファン行動レベル」とファンツーリズム

幸田麻里子・薹純子・崔錦珍（2016）ファン行動の発展段階とファンツーリズム『第31回日本観光研究学会全国大会学術論文集』pp.273-276.

（3）「ファン行動レベル」の発展段階に影響を与える要素

本書への書き下ろし

（4）ファンになることでファン自身に起こる変化

本書への書き下ろし

2．ファンツーリズムの旅行先での行動と地域

（1）「会う」ためにでかける場所
　　　　―コンサート参戦場所に関する調査―

幸田麻里子・薹純子・崔錦珍（2017）「ファンの宿泊を伴う「遠征」行動とファンツーリズム」、『第32回日本観光研究学会全国大会学術論文集』pp.121-124.

（2）写真に映るファン心
　　　　―遠征先での行動に関する調査―

本書への書き下ろし

（3）ファンと地域との出会い―相互作用に関する調査―

薹純子・幸田麻里子・崔錦珍（2016b）ファンツーリズムにおけるコミュニケーション―宮城県利府町での大規模コンサートを事例として―『第31回日本観光研究学会全国大会学術論文集』pp.473-476.

薹純子・幸田麻里子・崔錦珍（2017）ファンとファンツーリズム受け入れ地域の相互作用―アイドルグループのメガコンサートを事例として―『日本観光ホスピタリティ教育学会全国大会　研究発表論文集』No.16 pp.1-4.

薹純子・幸田麻里子・崔錦珍（2018）ファンツーリズムの基本的構造―アイドルファンへの聞き取り調査から―『立教大学観光学部紀要』

第20号 pp.123-131.

第四章　ファンツーリズムと国際観光
　　　─ファンが超えてきたこと、ファンだからできること─
1.　観光と異文化理解
（1）観光に期待される効果
幸田麻里子（2003）『国際観光と異文化理解』立教大学観光学研究科
2003年度博士学位論文 p.217
（2）観光の効果として期待されてきたもの
幸田麻里子（2003）『国際観光と異文化理解』立教大学観光学研究科
2003年度博士学位論文 p.217
（3）韓国への関心と訪韓日本人
幸田麻里子（2004）"韓国ブーム"と訪韓日本人観光者の推移からみ
る観光による異文化理解とその課題　『日本観光研究学会全国大会研
究発表論文集』No.19 pp.177-180.
2.　国境を超えるファンツーリズム
（1）日本のアイドルに魅せられた韓国人ファンたち
崔錦珍・幸田麻里子・臺純子（2017）ファンツーリズムと外国人ファ
ンの行動特性　『12th International Forum of Northeast Asia Tourism
(INFAT)、10th International Conference by Tourism Institute of
Northeast Asia (TINA)』pp.41-46.
（2）韓国の俳優ファンから「文化の伝道師になった」日本人
　　　たち
臺純子・崔錦珍・韓志昊（2012）秋田県の観光における「アイリス効果」
とは？　『日本観光研究学会全国大会研究発表論文集』No.27 pp.313-
316.
臺純子・韓志昊・崔錦珍（2015b）ドラマ『アイリス』秋田ロケによる
フィルムツーリズムの発生とその構造　『観光研究』Vol.27, No.1 pp.79-

89.

崔錦珍・韓志昊・臺純子（2014）관광자행동과　영상미디어의 영향
―드라마 아이리스를 중심으로―（観光者の行動と映像メディアの影響―
ドラマ「アイリス」を中心として―）『2014　Northeast Asia Tourism
Conference in Kitakyushu City, 10th International Forum of Northeast
AsiaTourism(INFAT), 8th International Academic Conference by Tourism
Institute of Northeast　Asia (TINA)』pp.49-53.

崔錦珍・臺純子（2015）「ファンツーリズムにおける韓国旅行の不満
事項」、『日本国際観光学会、第19回全国大会発表論集』、p.34-35.

韓志昊・臺純子・崔錦珍（2014）Who Are the Tourists Motivated by
the Korean Drama "IRIS"? 『立教大学観光学紀要』第16号 pp.132-
135.

参考文献

新井堯爾（1949）『観光事業概論　観光の理論と實際（第一回觀光講座全集）』
　　東京都總務局觀光編

五十嵐大悟（2012）足利ひめたまからみる萌えおこし：地域発信型萌えおこし
　　の分析　『コンテンツツーリズム論叢』2、pp.6-22.

一般社団法人日本動画協会（2020）アニメ産業レポート2019、一般社団法人日
　　本動画協会　報告書　https://aja.gr.jp/info/1483　閲覧日：2020年3月7日

一般社団法人　日本2.5ミュージカル協会　https://www.j25musical.jp/　閲覧
　　日：2020年3月7日

岩﨑達也（2014）アイドルのステージを追いかける旅　増淵敏之ほか『コンテ
　　ンツツーリズム入門』　古今書院

岡本健（2011a）コンテンツツーリズムにおけるホスピタリティマネジメント：
　　土師祭「らき☆すた神輿」を事例として　『HOSPITALITY』18、pp.165-
　　174.

岡本健（2011b）コンテンツツーリズムを研究する人のために：研究レビュー
　　と研究枠組みの提示　『コンテンツツーリズム研究』創刊準備号、pp.10-
　　36.

岡本健（2014）コンテンツ・ツーリズムと地域創造、観光 Re：デザイン　https://
　　kankou-redesign.jp/pov/848　閲覧日：2020年3月7日

岡本健（2018）『アニメ聖地巡礼の観光社会学：コンテンツツーリズムのメディ
　　ア・コミュニケーション分析』　法律文化社

岡本亮輔（2016）全国で盛況の「アニメ聖地巡礼」、過度なビジネス化に振り
　　切るリスク　これではファンを裏切ることに…、講談社　現代ビジネス
　　https://gendai.ismedia.jp/articles/-/50249　閲覧日：2020年3月7日

小野貴道・竹内荘平（2000）対韓直接投資の変遷と今後の可能性『SIRC
　　REPORT』Vol.5 No.4、pp.53-88.

香川眞（1978）観光の諸効果　前田勇編『観光概論』学文社、pp.50-58.

香川眞（2007）観光学大事典、日本国際観光学会監修、株式会社木楽舎

釜石直裕（2011）アニメ聖地巡礼型まちづくりにおけるイベントの役割に関す
　　る研究：滋賀県犬神郡豊郷町における「けいおんがく！ライブ」を事例と
　　して『コンテンツツーリズム研究』004、pp.1-10.

公益財団法人宮城県スポーツ振興財団（2015）『大規模（スタジアム）コンサートに係る開催結果について』平成27年11月27日付

幸田麻里子（2003）『国際観光と異文化理解』立教大学観光学研究科2003年度博士学位論文　p.217

幸田麻里子（2004）"韓国ブーム"と訪韓日本人観光者の推移からみる観光による異文化理解とその課題『日本観光研究学会全国大会研究発表論文集』No.19、pp.177-180.

幸田麻里子（2015）ファンコンテンツツーリズムの実状と意義『流通経済大学社会学部論叢』第25巻第2号、pp.75-83.

幸田麻里子・臺純子・崔錦珍（2015）ファンツーリズムの実態－アイドルファンへの聞き取り調査から－『第30回日本観光研究学会全国大会学術論文集』、pp.281-284.

幸田麻里子・臺純子・崔錦珍（2016）ファン行動の発展段階とファンツーリズム『第31回日本観光研究学会全国大会学術論文集』、pp.273-276.

幸田麻里子・臺純子・崔錦珍（2017）ファンの宿泊を伴う「遠征」行動とファンツーリズム『第32回日本観光研究学会全国大会学術論文集』、pp.121-124.

国土交通省総合政策局観光地域振興課、経済産業省商務情報政策局文化情報関連産業課、文化庁文化部芸術文化課（2005）『映像等コンテンツの制作・活用による地域振興のあり方に関する調査　報告書』

財団法人国際文化フォーラム（2000）『国際文化フォーラム通信』no.45

塩田正志・長谷川雅弘編著（1994）『観光学』同文館

鈴木晃志郎（2009）メディア誘発型観光の研究動向と課題『第24回日本観光研究学会全国大会学術論文集』、pp.85-88.

鈴木勝（2000）『国際ツーリズム振興論―アジア太平洋の未来―』税務経理協会

住田俊一（1988）国際観光　小池洋一・足羽洋保編著『観光学概論』ミネルヴァ書房

総務省（2000〜2018）通信利用動向調査　平成12年調査〜平成30年調査、報道発表資料　https://www.soumu.go.jp/johotsusintokei/statistics/statistics05a.html　閲覧日：2020年3月7日

総理府編（1967）『昭和42年版観光白書』

臺純子・幸田麻里子・崔錦珍（2016a）日本におけるファン文化・ファン行動研究の動向―ファンツーリズムの確立に向けて―『立教大学観光学部紀要』第18号、pp.165-173.

臺純子・幸田麻里子・崔錦珍（2016b）ファンツーリズムにおけるコミュニケー

ション－宮城県利府町での大規模コンサートを事例として－『第31回日本
観光研究学会全国大会学術論文集』、pp.473-476.

臺純子・幸田麻里子・崔錦珍（2017）ファンとファンツーリズム受け入れ地域
の相互作用－アイドルグループのメガコンサートを事例として－『日本観
光ホスピタリティ教育学会全国大会　研究発表論文集』No.16、pp.1-4.

臺純子・幸田麻里子・崔錦珍（2018）ファンツーリズムの基本的構造－アイド
ルファンへの聞き取り調査から－『立教大学観光学部紀要』第20号、
pp.123-131.

臺純子・崔錦珍・韓志昊（2012）秋田県の観光における「アイリス効果」とは？
『日本観光研究学会全国大会研究発表論文集』No.27、pp.313-316.

臺純子・韓志昊・崔錦珍（2015a）日本におけるロケ地めぐり観光研究の動向
と用語の整理『立教大学観光学部紀要』第17号、pp.45-51.

臺純子・韓志昊・崔錦珍（2015b）ドラマ『アイリス』秋田ロケによるフィル
ムツーリズムの発生とその構造『観光研究』Vol.27 No.1、pp.79-89.

田中喜一（1950）『観光事業論』財団法人観光事業研究会

谷村要（2010）「コミュニティ」としての「アニメ聖地」－豊郷町の事例から
－『大手前大学論集』第11号、pp.139-150.

崔錦珍・幸田麻里子・臺純子（2017）ファンツーリズムと外国人ファンの行動
特 性『12th International Forum of Northeast Asia Tourism (INFAT), 10th
International Conference by Tourism Institute of Northeast Asia (TINA)』、
pp.41-46.

崔錦珍・臺純子（2015）ファンツーリズムにおける韓国旅行の不満事項 『日
本国際観光学会第19回全国大会発表論集』、pp.34-35.

崔錦珍・韓志昊・臺純子（2014）관광자행동과 영상미디어의 영향—드라마
아이리스를 중심으로—(観光者の行動と映像メディアの影響—ドラマ「アイリ
ス」を中心として—)『2014 Northeast Asia Tourism Conference in Kitakyushu
City, 10th International Forum of Northeast AsiaTourism (INFAT), 8th
International Academic Conference by Tourism Institute of Northeast Asia
(TINA)』、pp.49-53.

辻泉（2007）関係性の楽園／地獄　ジャニーズ系アイドルをめぐるファンたち
のコミュニケーション　東園子ほか『それぞれのファン研究』　風塵社

日本観光協会編（2019）『観光の実態と志向：第37回国民の観光に関する動向
調査』

長谷政弘編著（1997）『観光学辞典』　同文館出版

林香里（2005）『「冬ソナ」にハマった私たち　純愛、涙、マスコミ……そして
韓国』　文藝春秋

韓志昊・臺純子・崔錦珍（2014）Who Are the Tourists Motivated by the Korean Drama "IRIS"?『立教大学観光学紀要』第16号、pp.132-135.

前田勇（1974）観光の諸効果と現代的意義　鈴木忠義編著『現代観光論』有斐閣

前田勇・橋本俊哉（1995）観光の概念　前田勇編著『現代観光総論』学文社

毛利康秀（2018）コンテンツツーリズムの中のファンツーリズム―静岡県沼津市を訪問する「ラブライブ！　サンシャイン‼」のファンを事例として―『第33回日本観光研究学会全国大会論文集』、pp.133-136.

Archer, B. & C. Cooper (1998) the positive and negative impacts of tourism. In Theobald, W.F(eds.) *Global Tourism* Oxford: Butterworth-neinemann

D'Amore, L.J. (1988) Tourism -A Vital Force for Peace. *Annals of Tourism Research* Vol.15 No.2, pp.269-270.

Davidson, R(1993) *TOURISM second edition.* London: Pitman publishing

Glücksmann, R. (1935) *Allgemeine Fremdenverkehrskunde* Bern: Stampfli（＝グリュックスマン, 1940『観光事業概論』国際観光局訳）

Hassan, R. (1975) International Tourism and Intercultural Communication: The case of Japanese Tourists in Singapore. *Southeast Asian Journal of Social Science* Vol.3 No.2, pp.25-38.

Krppendorf, J. (1987) The Holiday Makers. *Understanding the Impact of Leisure and Travel.* Oxford: butterworth Heinemann

Lickorish, L.J. & D.L. Jenkins (1997) *An introduction to Tourism.* Oxford: Butterworth Heinemann

Mckercher, B. (1993) Some Fundamental Truths about Tourism: Understanding Tourism's Social and Environmental Impacts. *Journal of Sustainable Tourism* 1(1) pp.6-16.

Mathieson、A. & G. Wall (1982) *TOURISM.* Harlow: Longman

Norval、A.J. (1936) *The Tourist Industry.* London（国際観光局訳（1941）『観光事業論』）

【著者紹介】

幸田　麻里子（こうだ　まりこ）
1973年　千葉県生まれ
立教大学大学院観光学研究科博士課程後期課程単位取得満期退学
博士（観光学）
現在、流通経済大学社会学部（国際観光学科）准教授

主要著書
『21世紀の観光学』（共著、学文社、2003年）
『観光社会文化論講義』（共著、くんぷる社、2006年）

臺　純子（だい　じゅんこ）
1957年　岩手県生まれ
立教大学大学院観光学研究科博士課程後期課程修了
博士（観光学）
現在、比治山大学現代文化学部（マスコミュニケーション学科）教授

主要著書
『観光事業論講義』（共著、くんぷる社、2005年）
『たのしみを解剖する　アミューズメントの基礎理論』（共著、現代書館、2008年）
『国際社会観光論』（共編著、志學社、2018年）

会いたい気持ちが動かすファンツーリズム

―「韓流」ブームが示唆したもの、「嵐」ファンに教わったこと―

発行日	2020年5月24日　初版発行

著　者	幸　田　麻里子
	臺　　　純　子
発行者	野　尻　俊　明
発行所	流通経済大学出版会

〒301-8555　茨城県龍ケ崎市120
電話　0297-60-1167　FAX　0297-60-1165

©Mariko Koda, Junko Dai, 2020

Printed in Japan/アベル社

ISBN978-4-947553-86-7 C0226 ¥950E